ANHENZE

KEINE ANGST, ICH WILL NUR KOCHEN!

CHRISTIAN HENZE

KEINE ANGST, ICH WILL NUR KOCHEN!

CHRISTIAN HENZE

60 einfache Rezepte, die in Nullkommanix fertig sind.

INHALTS-VER-ZEICHNIS

EIN-LEITUNG

Keine Angst, kochen ist ganz einfach!

Liebe Leserinnen und Leser, es freut mich sehr, dass Ihr zu meinem neuen Kochbuch gegriffen habt. Offenbar hat der Titel Eure Neugier geweckt. Das finde ich super, denn genau das war meine Absicht. Der Titel lautet: »Keine Angst, ich will nur kochen!« Was ich Euch damit sagen will? Ich will vermitteln, dass vor dem Kochen niemand Angst haben muss, weil es ganz einfach ist – oder zumindest ganz einfach sein kann. Niemand muss sich vor dem Kochen fürchten, weil er glaubt, dass er es nicht kann. Jeder kann kochen! Man muss sich nur trauen!

In der täglichen Arbeit in meiner Kochschule erlebe ich immer wieder, dass viele Leute zu Hause das immer gleiche Repertoire an Rezepten kochen. Es sind die immer gleichen Gerichte aus den immer gleichen Zutaten, zubereitet in den immer gleichen Arbeitsschritten. Angst hat man natürlich nicht, wenn man ein solches Routineprogramm herunterspult. Aber Spaß macht es auch nicht. (Oder nicht immer.) Und langweilig wird es auch irgendwann.

Um ihr Rezeptrepertoire zu erweitern – vor allem für die Anlässe, zu denen sie Gäste haben –, besuchen viele dann einen Kochkurs in meiner Kochschule. Ganz oft trauen sich die Kochschüler an Gerichte, die ungewohnt oder in irgendeiner Art und Weise »exotisch« sind, nicht heran. Sie sagen: »Oh, nein. Das ist mir zu schwierig« oder »Das habe ich noch nie gemacht!« Das ist der Moment, in dem ich antworte: »Keine Angst! Traut Euch! Versucht es!« Denn nur weil ein Rezept kompliziert klingt, heißt das nicht, dass es auch kompliziert zuzubereiten ist.

Aus der Arbeit in meiner Kochschule habe ich auch gelernt, dass die Leute heute (und das zu Recht) zwar tolle Gerichte kochen wollen, aber dafür keinen endlosen Aufwand betreiben möchten. Darum habe ich 60 neue, kreative Rezepte geschrieben, die erstens einfach und zweitens mit wenig Aufwand zuzubereiten sind. Für alle Rezepte in diesem Buch kann ich wieder einmal meine »Henze-Gelinggarantie« geben. Manchmal sind, je nach Gericht, etwas längere Garzeiten nötig, aber die bedeuten ja nicht, dass das schwierig in der Zubereitung ist.

Neben meiner Mission zu überzeugen, dass Kochen ganz einfach ist, ist es mir ebenso wichtig, den Aspekt des Genießens zu betonen. Wenn man ein Gericht gekocht hat – egal, ob für sich allein, für ein Essen zu zweit oder für ein Familienessen –, dann ist das doch etwas Tolles. Schon das Kochen macht Spaß und steigert die Vorfreude auf das Essen. Und darum finde ich, sollten wir das Essen dann auch genießen und uns darauf und daran freuen. Wie es duftet, wie es schmeckt! Es ist doch super, wenn man sich abends gemeinsam an den Tisch setzt und zusammen isst. Das muss gar kein aufwändiges Gericht sein – hey, ich bin selbst ein absoluter Fan der schnellen Küche. Aber gemeinsam zu essen ist meiner Ansicht nach ein Highlight des Tages.

Selbst wenn man nur für sich selbst kocht, lohnt sich das auf jeden Fall. Man muss ja gar nicht so viel Aufwand betreiben. »Keep it simple!« Das ist doch ein schönes Motto in der Küche. Und will ich mit diesem Buch zeigen, dass das geht.

Denn: Ein Essen, das richtig toll schmeckt, das man richtig genießen kann, das muss ganz und gar nicht kompliziert zuzubereiten sein. Im Gegenteil – und hier schließt sich der Kreis: Die einfachsten Dinge sind ja meistens die besten.

Wenn wir an unsere Lieblingsgerichte denken, vielleicht auch an die, die unsere Großmütter und Mütter für uns gekocht haben, als wir klein waren, dann sind es doch meistens die einfachen Gerichte, die uns am besten geschmeckt haben und die wir immer wieder essen wollten.

Kartoffelsuppe. Nudeln mit Tomatensauce oder mit Hackfleischsauce. (Überhaupt: Nudeln in allen Variationen.) Schnitzel mit Pommes oder mit Bratkartoffeln. Pfannkuchen mit süßer Füllung. Ach, man könnte ins Schwelgen kommen …

Mein neues Buch habe ich ganz klassisch in fünf Kapitel gegliedert: Vorspeisen, Kleine Gerichte, Gemüsegerichte, Fisch und Meeresfrüchte, Fleisch und Desserts. Wie immer habe ich es mir zum Ziel gesetzt, Gerichte zu kreieren, die altbekannte Rezepturen mit neuen Ideen verbinden: ein Tatar – aber nicht roh, sondern angebraten (siehe Seite 20). Eine Lasagne, aber nicht mit Hackfleisch, sondern mit angebratenem Antipasti-Gemüse (siehe Seite 23). Sushi, aber nicht roh, sondern frittiert. Ein Döner, aber nicht mit Fleisch, sondern vegetarisch (trotzdem »mit Scharf«!, siehe Seite 56). Und natürlich gebe ich bei vielen Rezepten wieder meine ganz persönlichen Tipps, die zum guten Gelingen ganz sicher einiges beitragen.

Da der mediterranen Küche meine besondere Liebe gilt (und nicht nur meine, sondern die von ganz vielen, auch das weiß ich aus meinen Kochkursen), habe ich natürlich einige entsprechend inspirierte Rezepte kreiert. Ganz wichtig sind Pastagerichte, zum Beispiel Tagliatelle mit Knoblauchscampi und Pesto (siehe Seite 24), Penne mit scharfer Salami und Bohnen (siehe Seite 26), Parmesan-Spaghetti à la Crème mit Pilzen (siehe Seite 27), aber auch Pizza – Scharfe Pizza mit Gorgonzola und Parmesan (siehe Seite 28) oder Pizza mit Frischkäse, Mozzarella und Parmaschinken (siehe Seite 30). In der mediterranen Küche immer vorne dabei ist, ganz klar, Gemüse: ich habe Gemüse-Moussaka mit Kartoffeln und Käsesauce gezaubert (siehe Seite 49) und Geschmorte Paprikaschoten mit Gemüsefüllung und cremiger Tomatensauce (siehe Seite 59). Bei den Desserts findet Ihr eine unglaublich leckere Tiramisu »Stracciatella« mit Erdbeeren (siehe Seite 113).

Auch die asiatische Küche ist ein Thema. Ich habe einige Inspirationen daraus gezogen: Sei es das Zitronengrassüppchen mit gerösteten Kokosflocken (siehe Seite 45), der Feinschmecker-Wrap »Asia« (siehe Seite 44), das Garnelen-Curry mit roten Linsen (siehe Seite 70), die Knuspergarnelen süß-sauer (siehe Seite 73), die Gegrillte Hähnchenbrust mit Thaigemüse (siehe Seite 79) oder der Reissalat mit Limetten-Hähnchen, Papaya und Cashewkernen (siehe Seite 36). Probiert es aus: Die asiatischen Aromen sorgen für einen ganz besonderen Geschmackskick!

Natürlich widme ich auch der klassischen deutschen Küche einige Gerichte: Kartoffelrösti mit Räucheraal und Dill-Crème-fraîche (siehe Seite 62), Ganzes Grillhähnchen mit Schmorgemüse (siehe Seite 83), Kalbfleischpflanzerl mit lauwarmem Kartoffel-Rucola-Salat (siehe Seite 88), Kalbsleber mit geschmortem Apfel in Honig-Essig-Sauce (siehe Seite 86), Gefüllter Schweinebraten mit Kruste (siehe Seite 92), Sanft geschmorter Tafelspitz mit Rahmsauce und Meerrettichwirsing (siehe Seite 96), Sanft gegarte Rinderroulade mit Kartoffel-Lauch-Püree (siehe Seite 99) oder Hirschragout mit süßer Pfeffersauce und Maronen (siehe Seite 102).

Alles in allem habe ich eine Auswahl getroffen, in der für jeden Geschmack etwas dabei ist. Und ich bin ganz sicher, dass es viele Rezepte, die ich Euch hier vorstelle, in Euer ganz persönliches Kochrepertoire schaffen und in Zukunft zu den Gerichten gehören, die Ihr immer wieder und vor allem immer wieder gerne kocht. Es sind Gerichte für jeden Tag dabei, für ein schnelles Essen am Abend, besondere Gerichte für das Wochenende oder für einen Abend mit Freunden. Egal ob schnell oder etwas ambitionierter, keines meiner Gerichte stellt eine unüberwindbare Herausforderung dar. Mir ist es wichtig, dass meine Rezepte nachvollziehbar und alltagstauglich sind. Keiner von Euch hat Lust, stundenlang in der Küche zu stehen,

Berge von schmutzigem Geschirr zu produzieren und am Ende entmutigt vor einem misslungenen Essen zu stehen. Klar gibt es Hobbyköche, die sich gerne von Drei-Sterne-Profis inspirieren lassen wollen und versuchen, am heimischen Herd Fantasiekreationen aus der Molekularküche nachzukochen. Das ist aber erstens ein praktisch unmögliches Unterfangen – denn eine normale Küche bietet nun mal nicht die Gerätschaften oder das Personal einer Profiküche in der Gastronomie – und zweitens gehören meine Fans und Leser eben gerade nicht zu dieser seltenen Spezies.

Ganz ehrlich: Ist es wirklich wünschenswert, stundenlang die abgefahrensten Dinge zu kochen, sie dann mit Pipette und Pinzette auf Tellern anzurichten und sie dann in wenigen Minuten zu verzehren? Ich habe meine Zweifel … Das ist doch eher purer Stress! Ich finde es viel schöner, aus tollen Zutaten ganz entspannt ein schönes Essen zu kochen, das man dann mit der Familie oder mit Freunden genießen kann. Ich glaube nämlich nicht, dass der Aufwand, den man beim Kochen betreibt, direkt proportional zum Genuss ist. Ganz im Gegenteil. Das Thema hatten wir ja vorhin schon mal: Die einfachsten Dinge sind doch oft die besten.

Eine Sache muss ich an dieser Stelle aber noch erwähnen, die ist ganz wichtig, wenn man stressfrei und entspannt ein gelungenes Gericht kochen will. Das ist etwas, was ganz viele Leute beim Kochen nicht beachten, etwas, das mich immer wieder in Erstaunen versetzt, darum kann ich es gar nicht oft genug sagen: Liebe Hobbyköche, bevor Ihr mit dem Zubereiten loslegt, lest bitte zuallererst das Rezept einmal durch. Lest es von vorne bis hinten durch, denkt kurz darüber nach, ob Ihr jeden Schritt nachvollziehen könnt und macht Euch erst dann an die Arbeit. Meistens ist es so, dass man sich überlegt: »Was koche ich heute Abend« (oder am Wochenende, oder wenn die Gäste kommen),

sucht sich ein Gericht aus, liest sich die Zutatenliste durch und nimmt beim nächsten Einkauf die Produkte mit. (Oder andersherum: Man schaut in den Kühlschrank, sieht, was da ist, und sucht sich danach anhand der Zutatenliste ein Rezept aus.)

Dann steht man in der Küche, hat die Zutaten vor sich, schlägt das Rezept auf und beginnt zu kochen. Und ich kann gar nicht zählen, wie viele Leute mit dem Kochen loslegen, ohne das Rezept einmal komplett und gründlich gelesen und verstanden zu haben. Das führt dann natürlich immer wieder zu unliebsamen Überraschungen: Sei es eine heiße Brühe, die angegossen werden muss (upps, ich habe die Brühe nicht erhitzt), ein Wein, mit dem abgelöscht werden muss (upps, wo ist bloß der Korkenzieher?) oder eine Butter, die weich sein muss, bevor man sie zugibt (upps, ich habe die Butter im Kühlschrank vergessen) … Allein die Tatsache, dass man ein Rezept nicht vor dem Kochen durchliest, führt zu Stress und Hektik, lässt Gerichte misslingen und ist der Hauptgrund, warum Leute den Spaß am Kochen verlieren. Oder sogar Angst vor dem Kochen bekommen. Wenn ich also verspreche, dass meine Rezepte immer gelingen, dann muss ich Euch ganz dringend den Rat ans Herz legen: Lest das Rezept von vorne bis hinten durch. Vollzieht die Schritte im Geiste nach. Überlegt, ob Ihr alles versteht. Und dann legt Euch die Zutaten übersichtlich und geordnet zurecht. Nutzt »Leerzeiten«, um schmutziges Geschirr in die Spülmaschine zu räumen, abzuspülen und nicht mehr benötigte Zutaten wieder wegzupacken.

Dann kann ich eines jetzt schon versprechen: Keine Angst, kochen ist ganz einfach!

VOR-
SPEISEN

Ackersalat mit knusprigem Speck und Thunfisch

Zutaten für 4 Personen
Zubereitungszeit: ca. 30 Minuten

Für den Ackersalat

500 g Penne (z. B. Farfalle oder Spirelli)
6 Bioeier
200 g Thunfisch, in Öl oder Lake
150 g durchwachsener Bauchspeck
1 Knolle Fenchel
2 EL gutes Olivenöl
1 EL Kristallzucker und etwas mehr für
    das Dressing
1 Handvoll weiße, kernlose Trauben
    (ca. 100 g)
1 Salatgurke
1 Handvoll Feldsalat (ca. 50 g) und
    etwas mehr zum Anrichten
5 EL flüssige Sahne
5 EL Gemüsebrühe
5 EL weißer Balsamico (Condimento
    bianco)
1 TL scharfer Senf
Salz
frisch gemahlener schwarzer Pfeffer
1 EL frisch gehackte Kräuter
    (z. B. Petersilie, Schnittlauch)

Ackersalat

Die Penne entsprechend der Packungsangeben in reichlich Salzwasser al dente kochen. Die Nudeln anschließend abgießen und gut abtropfen lassen. Die Eier ca. 9 Minuten hart kochen. Die fertig gegarten Eier unter kaltem Wasser abschrecken und sofort schälen. 4 Eier würfeln. Die restlichen Eier beiseitelegen.
Den Thunfisch in ein Sieb umfüllen, etwas zerteilen und gut abtropfen lassen.
Den Speck und den Fenchel würfeln. Das Olivenöl in einer beschichteten Pfanne bei mittlerer Temperatur erhitzen und erst die Speckwürfel und anschließend auch die Fenchelwürfel darin anbraten. Einen Esslöffel Zucker drüberstreuen und nochmals alles gut in der Pfanne schwenken, damit der Zucker etwas karamellisieren kann. Anschließend die Fenchelwürfel zum Auskühlen in eine große Salatschüssel umfüllen.
Die Trauben halbieren. Die Gurke der Länge nach halbieren und mit einem Esslöffel die Kerne entfernen. Die Gurke dann in Würfel schneiden. Die Trauben, die Gurkenwürfel, den Thunfisch und die abgekühlten Penne zu den abgekühlten Fenchelwürfeln geben und gut vermischen.
Den Feldsalat putzen, waschen und gut trocknen.
Ein beiseitegelegtes hart gekochtes Ei zusammen mit der Sahne, der Brühe, dem Essig und dem Senf in einen hohen Rührbecher geben und mit einem Stabmixer pürieren. Anschließend die Kräuter unterrühren und mit Salz und Pfeffer abschmecken.
Das Dressing über den Salat gießen und gut untermischen. Zum Schluss den Feldsalat locker unter den Salat heben.

Anrichten

Das letzte Ei vierteln. Den Ackersalat auf die Teller verteilen und mit je einem Eiviertel und etwas Feldsalat garnieren.

Lauwarmer Kürbissalat mit Mango und Ziegenkäse

Zutaten für 4 Personen
Zubereitungszeit: ca. 50 Minuten

Für den lauwarmen Kürbissalat

800 g Kürbis (Hokkaido, Muskatkürbis
  oder Butternuss)
1 reife Mango
2 EL Sweet-Chili-Sauce
2 EL Obstessig
1 EL Mango-Chutney
¼ TL mildes Currypulver
¼ TL Salz
1 TL frisch geriebener Ingwer

Für den Ziegenkäse

4 kleine runde Ziegenkäsescheiben
  (z. B. Ziegenfrischkäsetaler)
8 Scheiben durchwachsener,
  geräucherter Bauchspeck

Zum Anrichten

50 g Rucola

Lauwarmer Kürbissalat

Den Kürbis soweit erforderlich schälen, halbieren und die Kerne entfernen. Die Mango ebenfalls schälen und das Fruchtfleisch vom Kern schneiden. Den Kürbis und die Mango in ca. 2 cm große Würfel schneiden und auf ein mit Backpapier ausgekleidetes Backblech legen.
Die restlichen Zutaten in einer kleinen Schale gut verrühren und dann zu den Kürbis- und Mangowürfeln gießen. Alles gut vermischen, damit die Marinade überall verteilt wird. Die Form für ca. 30 Minuten in den auf 190 °C vorgeheizten Backofen (Ober-/Unterhitze) schieben. Anschließend die Form aus dem Ofen nehmen und den Kürbissalat etwas auskühlen lassen. Vor dem Servieren den Kürbissalat nochmals gut abschmecken.

Ziegenkäse

Die Ziegenkäsescheiben mit je 2 Scheiben Bauchspeck sorgfältig umwickeln. Die Päckchen in einer beschichteten Pfanne bei mittlerer Hitze kross anbraten.

Anrichten

Die Rucolablätter auf die Teller verteilen und darauf den lauwarmen Kürbissalat anrichten. Die krossen Ziegenkäsetaler darauflegen.

TIPP

Einige Kürbissorten wie Hokkaido oder Sweet Dumpling müssen nicht geschält werden. Hier müssen nur der Stiel- und Blütenansatz und eventuelle unschöne Stellen an der Außenseite der Schale entfernt werden. Anschließend den Kürbis halbieren und mit einem Esslöffel die Kerne entfernen.

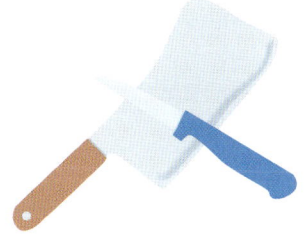

Südtiroler Schlemmerhappen

Zutaten für 4 Personen
Zubereitungszeit: ca. 20 Minuten

Für die Schlemmerhappen
4 Vinschgauer Brötchen (oder
    8 Scheiben Graubrot)
1 EL Butter
Salz
frisch gemahlener schwarzer Pfeffer
300 g geräucherter Bauchspeck
1 Zwiebel
½ EL Butter
4 Radieschen
1 EL grobkörniger Senf
1 EL scharfer Senf
1 EL flüssiger Honig
150 g frisch geriebener Bergkäse
    oder Gouda

Für den Dip
3 EL Schmand
1 EL Joghurt, Fettgehalt 3,5 %
1 TL edelsüßes Paprikapulver
Salz
frisch gemahlener schwarzer Pfeffer
Zucker

Zum Anrichten
2 EL feine Schnittlauchröllchen

Schlemmerhappen

Die Vinschgauer Brötchen aufschneiden und im auf 180 °C vorgeheizten Backofen (Ober-/Unterhitze) auf einem Rost mit der Schnittfläche nach oben rösten. Die gerösteten Brötchenhälften dünn mit Butter bestreichen und leicht mit Salz und Pfeffer würzen.
Den Bauchspeck und die Zwiebel fein würfeln. Die Butter bei mittlerer Temperatur in einer Pfanne erhitzen und den Speck und die Zwiebeln gut anbraten. Die Radieschen putzen, fein würfeln und zusammen mit dem Senf und dem Honig in die Pfanne geben. Alles gut verrühren und mit Salz und Pfeffer abschmecken. Die Speck-Radieschen auf den vorbereiteten Brötchenhälften anrichten. Den geriebenen Käse darauf verteilen und die Brötchenhälften auf ein Backblech setzten. Das Backblech für ca. 5 Minuten in den auf 180 °C vorgeheizten Backofen (Ober-/Unterhitze) schieben.

Dip

Den Schmand, den Joghurt und das Paprikapulver gut verrühren und mit Salz, Pfeffer sowie Zucker abschmecken.

Anrichten

Je 2 Vinschgauerhälften auf einen Teller legen und mit den Schnittlauchröllchen garnieren.
Den Dip in einem separaten Schälchen dazureichen.

Angebratenes Tatar mit knusprigem Tramezzino

Zutaten für 4 Personen
Zubereitungszeit: ca. 30 Minuten

Für den Rucolaschmand
1 Bund Rucola
4 EL Schmand
1 EL Sweet-Chili-Sauce
Salz

Für das knusprige Tramezzino
2 Scheiben Tramezzini (ersatzweise
   Toastbrot)
3 EL Olivenöl
1 Zweig Rosmarin
Salz
frisch gemahlener schwarzer Pfeffer

Für das angebratene Tatar
1 kleine Zwiebel
2 kleine Cornichons
1 TL Kapern
400 g bestes Rindertatar (aus dem Filet
   oder der Lende)
2 EL Ketchup
1 EL scharfer Senf
5–8 Spritzer Tabasco
½ TL Salz
frisch gemahlener schwarzer Pfeffer
3 EL neutrales Pflanzenöl

Rucolaschmand
Den Rucola putzen, waschen und gut trocken schütteln. Die gröberen Stiele entfernen und die Blätter in einen hohen Mixbecher füllen, dabei einige Blätter zum Anrichten zur Seite legen. Die restlichen Zutaten dazugeben und mit einem Stabmixer fein pürieren. Den Rucolaschmand nochmals abschmecken und bis zur weiteren Verwendung kühl stellen.

Knuspriges Tramezzino
Die Brotscheiben halbieren. Das Öl in einer beschichteten Pfanne erhitzen und den Rosmarinzweig dazugeben. Die Brotscheiben auf beiden Seiten gut anrösten, anschließend aus der Pfanne nehmen und auf Küchenpapier etwas abtropfen lassen. Die Brotscheiben mit Salz und Pfeffer würzen.

Angebratenes Tatar
Die Zwiebel und die Cornichons fein würfeln. Die Kapern etwas hacken. Alle Zutaten bis auf das Öl in eine Schüssel füllen und sehr gut miteinander vermischen. Aus dem Fleischteig 4 gleich große, flache Buletten formen. Das Öl in einer Pfanne erhitzen und das Tatar auf jeder Seite ca. 10 Sekunden scharf anbraten. Das angebratene Tatar anschließend sofort servieren.

Anrichten
Die knusprigen Tramezzini auf einer Seite jeweils mit einem großen Esslöffel Rucolaschmand bestreichen. Darauf eine Scheibe angebratenes Tatar anrichten. Die Tramezzini auf die Teller verteilen und mit einigen Blättern Rucola garnieren.

Tipp
Tatar benötigt eine relativ große Menge Salz. Zögert
also nicht, reichlich Salz zuzufügen.

Antipasti-Lasagne mit Käse

Zutaten für 4 Personen
Zubereitungszeit: ca. 30 Minuten

Für die Antipasti-Lasagne

1 kleine Aubergine
1 kleiner Zucchino
1 rote Paprikaschote
1 Zwiebel
2 Knoblauchzehen
2 EL Olivenöl
1 Tasse pürierte Tomaten (ca. 150 g)
½ Tasse trockener Weißwein (ca. 75 ml)
2 EL Aceto balsamico
Salz
frisch gemahlener schwarzer Pfeffer
1 TL Kristallzucker
250 g Lasagne-Teigplatten
1 EL frische Kräuter
   (z. B. Petersilie, Basilikum, Thymian)
1 Handvoll frisch geriebener Parmesan
   (ca. 100 g)
Butterflocken

Zum Anrichten

frische Kräuter

Antipasti-Lasagne

Das Gemüse putzen und in kleine Würfel schneiden. Die Zwiebel und den Knoblauch fein würfeln oder hacken. Das Olivenöl in einer Pfanne erhitzen und die Zwiebelwürfel sowie den Knoblauch darin anbraten. Die Gemüsewürfel zugeben und alles zusammen nochmals gut anbraten. Mit dem Wein und dem Aceto balsamico ablöschen und die Flüssigkeit etwas einkochen lassen. Die Tomaten zugeben und mit Salz, Pfeffer und Zucker würzen. Die Füllung sollte eine nicht zu flüssige Konsistenz haben.
Für die Lasagne eine Auflaufform passender Größe mit Butter ausstreichen und die Nudelplatten abwechseln mit den Gemüsewürfeln hineinschichten. Die Kräuter waschen, trocknen, die Blätter abzupfen und fein hacken. Die gehackten Kräuter mit dem Parmesan vermischen und als lockere Schicht über die Lasagne streuen. Abschließend einige Butterflocken auf die Lasagne setzen.
Alternativ können aus den Nudelplatten mit 4 Anrichteringen auch Kreise ausgestochen werden. Die Anrichteringe innen etwas mit Butter ausstreichen, auf ein Backblech stellen und die Lasagne wie oben beschrieben in die Anrichteringe schichten.
Die Lasagne ca. 10 Minuten im auf 200 °C vorgeheizten Backofen (Oberhitze) gratinieren.

Anrichten

Die Lasagne in 4 Portionen schneiden und auf den Tellern anrichten oder die runden Lasagnen aus den Anrichteringen lösen und auf die Teller setzen. Mit frischen Kräuterzweigen garnieren.

Tagliatelle mit Knoblauchscampi und Pesto

Zutaten für 4 Personen
Zubereitungszeit: ca. 30 Minuten

Für das Pesto
1 Handvoll Basilikum (ca. 50 g)
1 kleine Handvoll glatte Petersilie
   (ca. 25 g)
50 g Pinienkerne
½ Knoblauchzehe
50 ml gutes Olivenöl
50 g Parmesan
Salz
frisch gemahlener schwarzer Pfeffer

Für die Knoblauchscampi
1 Zwiebel
8 Scheiben geräucherter Bauchspeck
1 Handvoll grüne Oliven (ca. 100 g,
   ohne Stein)
2 EL Olivenöl
2 Knoblauchzehen
1 Handvoll Scampi (ca. 150 g, ohne
   Schale und Darm)
1 Dose Eiertomaten (ca. 200 ml)
1 Tasse flüssige Sahne (ca. 150 ml)
Salz
frisch gemahlener schwarzer Pfeffer

Für den frittierten Knoblauch
8 Knoblauchzehen
200 ml neutrales Pflanzenöl

Für die Tagliatelle
500 g Tagliatelle
Salz

Pesto
Die Blättchen von den Kräuterstängeln zupfen und zusammen mit den Pinienkernen und dem geschälten, grob gehackten Knoblauch in einen hohen Rührbecher füllen. Mit einem Stabmixer alles gut durchmixen. Anschließend das Olivenöl unter stetigem Mixen unterrühren, bis eine sämige Paste entstanden ist. Zum Schluss den geriebenen Parmesan untermixen und mit Salz und Pfeffer abschmecken.

Knoblauchscampi
Die Zwiebel und den Bauchspeck in feine Würfel schneiden. Eine Pfanne erhitzen und die Speckwürfel leicht anbraten. Die Zwiebelwürfel dazugeben und ebenfalls anbraten. Die Oliven grob hacken und mit dem Öl in die Pfanne geben. Den Knoblauch fein hacken und zusammen mit den Scampi in die Pfanne geben. Alles zusammen gut anbraten. Die Scampi dann wieder aus der Pfanne nehmen und beiseitestellen. Anschließend mit den Tomaten und der Sahne aufgießen. Die Sauce etwas reduzieren lassen und dann mit Salz und Pfeffer abschmecken. Vor dem Servieren die Scampi wieder in die Sauce geben und kurz aufkochen.

Frittierter Knoblauch
Die Knoblauchzehen schälen und in sehr feine Scheiben schneiden. Das Öl in einem Topf auf ca. 180 °C erhitzen (am Stiel eines Holzkochlöffels sollten sich Blasen bilden, sobald er in das Fett getaucht wird). Dann die Knoblauchscheiben portionsweise kurz frittieren und auf Küchenkrepp abtropfen lassen.

Tagliatelle
In einem großen Topf reichlich Wasser zum Kochen bringen und kräftig salzen. Die Tagliatelle al dente kochen, anschließend in ein Sieb abgießen und etwas abtropfen lassen.

Anrichten
Die Tagliatelle unter die Knoblauchscampi mischen und auf den vorgewärmten Tellern anrichten. Die frittierten Knoblauchblätter darauf verteilen und einen Löffel Pesto danebensetzen.

Penne mit scharfer Salami und Bohnen

Zutaten für 4 Personen
Zubereitungszeit: ca. 30 Minuten

Für die Sauce
1 Zwiebel
1 kleine Karotte
¼ Stange Lauch
2 Knoblauchzehen
5 EL Olivenöl
500 ml Eiertomaten (Dose)
Salz
frisch gemahlener schwarzer Pfeffer
Kristallzucker
200 g weiße Bohnen (Glas)
2 Stängel Basilikum

Für die Penne
500 g Penne
Salz

Für die scharfe Salami
150 g würzige Salami (z. B. Salsiccia
    piccante oder Chorizo)
1 rote Zwiebel
100 g durchwachsener Bauchspeck
2 EL neutrales Pflanzenöl
1 Zweig Rosmarin

Zum Anrichten
etwas frisch geriebener Parmesan
1 Handvoll Rucola (ca. 50 g)

Sauce
Die Zwiebel, die Karotte und den Lauch fein würfeln. Den Knoblauch fein hacken oder durch eine Knoblauchpresse drücken. Das Öl in einem Topf erhitzen und die Zwiebeln, die Karotte, den Lauch und den Knoblauch gut anbraten. Mit den Tomaten aufgießen und mit Salz, Pfeffer und Zucker würzen. Die Sauce ca. 15 Minuten köcheln lassen, dabei gelegentlich umrühren. Die Bohnen in ein Sieb abgießen, in die Sauce rühren und alles zusammen aufkochen. Die Basilikumblättchen abzupfen, in Streifen schneiden und in die Sauce rühren. Abschließend die Sauce nochmals abschmecken.

Penne
In einem großen Topf reichlich Wasser zum Kochen bringen und kräftig salzen. Die Penne al dente kochen, anschließend in ein Sieb abgießen und etwas abtropfen lassen.

Scharfe Salami
Die Salami, den Bauchspeck und die Zwiebel fein würfeln. Das Öl mit dem Rosmarin in einer Pfanne erhitzen und die Salami-, Speck- und Zwiebelwürfel darin sehr gut anbraten.

Anrichten
Die Penne zusammen mit der scharfen Salami unter die Sauce mischen und anschließend auf 4 vorgewärmte Teller verteilen. Den Rucola darauf anrichten und abschließend den Parmesan darüberstreuen.

Parmesan-Spaghetti à la Crème mit Pilzen

Zutaten für 4 Personen
Zubereitungszeit: ca. 30 Minuten

Für den Knusperparmesan
1 kleiner Zweig Rosmarin
150 g frisch geriebener Parmesan

Für die Sauce
150 g Pancetta oder geräucherter
    Bauchspeck
1 kleine Zwiebel
1 Knoblauchzehe
1 Handvoll Pilze (ca. 100 g, z. B.
    Shiitake, Champignons oder
    Pfifferlinge)
1 TL Mehl
½ Tasse trockener Weißwein (ca. 75 ml)
1 Tasse flüssige Sahne (ca. 150 ml)
Salz
frisch gemahlener schwarzer Pfeffer

Für die Spaghetti
500 g Spaghetti
Salz

Zum Anrichten
2 EL fein gehackte Kräuter

Knusperparmesan
Die Rosmarinnadeln abzupfen und fein hacken. Den geriebenen Parmesan mit den fein gehackten Rosmarinnadeln vermischen. Ein Backblech mit Backpapier auslegen und den Rosmarinparmesan in einer dicken, gleichmäßigen Schicht daraufstreuen. Das Backblech für ca. 8 Minuten in den auf 180 °C vorgeheizten Backofen (Ober-/Unterhitze) schieben. Anschließend das Backblech aus dem Ofen nehmen und die Parmesanscheibe auskühlen lassen. Vor dem Servieren die Parmesanscheibe in Stücke brechen.

Sauce
Den Speck, die Zwiebel und den Knoblauch fein würfeln. Die Pilze putzen und gegebenenfalls halbieren. Die Speckwürfel in einer Pfanne anbraten. Dann die Zwiebel- und Knoblauchwürfel zugeben und diese ebenfalls anbraten. Danach die Pilze in die Pfanne geben und anbraten. Das Mehl zugeben und gut unterrühren. Mit dem Wein ablöschen und gut verrühren, sodass sich keine Mehlklumpen bilden. Dann die Sauce mit der Sahne aufgießen, aufkochen und mit Salz und Pfeffer abschmecken.

Spaghetti
In einem großen Topf reichlich Wasser zum Kochen bringen. Das Wasser kräftig salzen und die Spaghetti al dente kochen. Die Spaghetti in ein Sieb abgießen und etwas abtropfen lassen.

Anrichten
Die Spaghetti unter die Sauce mischen und anschließend auf 4 vorgewärmte Teller verteilen. Die Knusperparmesanstücke aufrecht dazwischenstecken oder darüber verteilen. Abschließend etwas Kräuter darüberstreuen.

TIPP
Der Knusperparmesan lässt sich auch sehr leicht in der Mikrowelle zubereiten. Dazu den Rosmarinparmesan auf einen mikrowellengeeigneten Teller streuen und diesen bei 900 Watt für ca. 30 Sek. in die Mikrowelle stellen.

Scharfe Pizza mit Gorgonzola und Parmesan

Zutaten für 4 Personen
Zubereitungszeit: ca. 1 Stunde

Für den Teig
500 g Weizenmehl Type 405
120 g Hartweizengrieß
½ TL Meersalz
1 TL Kristallzucker
10 g Trockenhefe

Für den Tomatensugo
1 kleine Zwiebel
1 Knoblauchzehe
5 EL gutes Olivenöl
500 g italienische Eiertomaten
    (Konserve)
Salz
frisch gemahlener schwarzer Pfeffer
Kristallzucker
2 Stängel Basilikum

Für die Fertigstellung
2 Kugeln Mozzarella
3 EL Gorgonzola
4 EL frisch geriebener Parmesan
16 Scheiben Chorizo
16 Scheiben Parmaschinken
2 EL Kapern

Zum Anrichten
1 Handvoll Rucola

Teig
Alle Zutaten mit ca. 400 ml lauwarmem Wasser in der Rührschüssel einer Küchenmaschine vermischen und gut durchkneten. Den Teig an einem warmen, zugfreien Ort 10 Minuten ruhen lassen. Anschließend den Teig nochmals gut durchkneten und den Pizzateig dann 20 Minuten an einem warmen, zugfreien Ort ruhen lassen. Den Teig auf der bemehlten Arbeitsfläche entweder zu einem Rechteck für ein Backblech oder zu 4 Kreisen für runde Pizzableche ausrollen.

Tomatensugo
Die Zwiebel und den Knoblauch schälen und fein würfeln. Das Olivenöl in einem Topf erhitzen und die Zwiebel- und Knoblauchwürfel darin anschwitzen. Die Tomaten zufügen und mit Salz, Pfeffer und Zucker würzen. Den Sugo mindestens 30 Minuten leicht köcheln lassen, damit die Tomaten gut zerfallen und der Sugo eine dickflüssige Konsistenz annimmt. Anschließend die Basilikumblätter abzupfen und in Streifen schneiden. Das Basilikum zum Sugo geben. Abschließend den Sugo nochmals kräftig abschmecken.

Fertigstellung
Entweder 1 Backblech oder 4 runde Pizzableche mit dem Pizzateig auskleiden. Den Tomatensugo daraufstreichen. Den Mozzarella entweder klein schneiden oder etwas zerpflücken. Den Gorgonzola etwas zerteilen. Alle Zutaten gleichmäßig auf den Pizzaboden verteilen.
Die Pizza/Pizzen dann für 15–20 Minuten in den auf mindestens 250 °C vorgeheizten Backofen (Ober-/Unterhitze, unterste Schiene) schieben.

Anrichten
Die große Pizza vierteln und auf die Teller verteilen bzw. die kleinen Pizzen auf 4 Teller legen. Mit etwas Rucola garnieren.

Pizza mit Frischkäse, Mozzarella und Parmaschinken

Zutaten für 4 Personen
Zubereitungszeit: ca. 1 Stunde

Für den Teig
500 g Weizenmehl Type 405
120 g Hartweizengrieß
½ TL Meersalz
1 TL Kristallzucker
10 g Trockenhefe

Für den Tomatensugo
1 kleine Zwiebel
1 Knoblauchzehe
5 EL gutes Olivenöl
500 g italienische Eiertomaten
   (Konserve)
Salz
frisch gemahlener schwarzer Pfeffer
Kristallzucker
2 Stängel Basilikum

Für die Fertigstellung
1 Kugel Büffel-Mozzarella
5 EL Frischkäse (Doppelrahmstufe)
100 g Parmaschinken

Für die Salbeibutter
10 Salbeiblätter
2 EL Butter
1 EL Olivenöl
Salz

Teig
Alle Zutaten mit ca. 400 ml lauwarmem Wasser in der Rührschüssel einer Küchenmaschine vermischen und gut durchkneten. Den Teig an einem warmen, zugfreien Ort 10 Minuten ruhen lassen. Anschließend den Teig nochmals gut durchkneten und den Pizzateig dann 20 Minuten an einem warmen, zugfreien Ort ruhen lassen. Den Teig auf der bemehlten Arbeitsfläche entweder zu einem Rechteck für ein Backblech oder zu 4 Kreisen für runde Pizzableche ausrollen.

Tomatensugo
Die Zwiebel und den Knoblauch fein würfeln. Das Olivenöl in einem Topf erhitzen und die Zwiebel- und Knoblauchwürfel darin anschwitzen. Die Tomaten zufügen und mit Salz, Pfeffer und Zucker würzen. Den Sugo mindestens 30 Minuten leicht köcheln lassen, damit die Tomaten gut zerfallen und der Sugo eine dickflüssige Konsistenz annimmt. Anschließend die Basilikumblätter abzupfen und in Streifen schneiden. Das Basilikum zum Sugo geben. Abschließend den Sugo nochmals kräftig abschmecken.

Fertigstellung
Entweder 1 Backblech oder 4 runde Pizzableche mit dem Pizzateig auskleiden. Den Tomatensugo daraufstreichen. Den Mozzarella entweder klein schneiden oder etwas zerpflücken. Den Frischkäse und den Parmaschinken etwas zerteilen. Alle Zutaten gleichmäßig auf den Pizzaboden verteilen.
Die Pizza/Pizzen dann für 15–20 Minuten in den auf mindestens 250 °C vorgeheizten Backofen (Ober-/Unterhitze, unterste Schiene) schieben.

Salbeibutter
Die Salbeiblätter waschen und sehr gut trocknen. Die Butter und das Olivenöl in einer beschichteten Pfanne sanft erhitzen und die Salbeiblätter darin anbraten. Leicht salzen.

Anrichten
Die große Pizza vierteln und auf die Teller verteilen bzw. die kleinen Pizzen auf 4 Teller legen. Mit einem Esslöffel etwas Salbeibutter über die Pizzen geben.

KLEINE GERICHTE

Spargeltarte mit Mozzarella

Zutaten für 4 Personen
Zubereitungszeit: ca. 1 Stunde

Für den Teig
110 g kalte Butter und etwas mehr für
   die Tarteform
250 g Mehl Type 405
100 ml lauwarmes Wasser
Salz

Für den Spargel
500 g grüner Spargel
3 Schalotten
2 EL Butter
100 ml Noilly Prat
3 EL Crème fraîche
1 Tasse flüssige Sahne (ca. 150 ml)
1 EL gehackte Basilikumblätter
Salz
frisch gemahlener schwarzer Pfeffer
Kristallzucker

Für die Sauce hollandaise
200 g Butter
3 Eigelb
5 EL trockener Weißwein
1 EL heller Essig
Salz

Für die Fertigstellung
1 Kugel Mozzarella

Teig
Das Mehl auf eine saubere Arbeitsfläche sieben und die Butter in Flöckchen darauf verteilen. Beides miteinander vermischen. Das Wasser und das Salz zufügen und alles zusammen gut verkneten, bis sich alle Zutaten zu einem glatten Teig verbunden haben. Den Teig zu einer Rolle formen, in Frischhaltefolie wickeln und ca. 30 Minuten kühlen.

Spargel
Den Spargel putzen, im unteren Drittel schälen und gegebenenfalls holzige Anteile abschneiden. Die Spargelstangen in Scheiben schneiden. Die Schalotten würfeln. Die Butter in einer Pfanne erhitzen und die Schalotten und die Spargelscheiben darin anbraten. Mit dem Noilly Prat ablöschen und einkochen lassen. Mit der Crème fraîche und der Sahne auffüllen und die Spargelscheiben kurz köcheln lassen. Das Basilikum untermischen und mit Salz, Pfeffer und Zucker abschmecken.

Sauce hollandaise
Die Butter in einer Schale erwärmen, bis sie flüssig ist und lauwarm temperieren. Die Eigelbe mit dem Wein, dem Essig und einer Prise Salz in einer Schüssel über einem Wasserbad mit einem Schneebesen cremig aufschlagen. Die Schüssel vom Wasserbad nehmen und die lauwarme, flüssige Butter unterrühren, sodass eine dickcremige Sauce entsteht. Die Sauce hollandaise nochmals abschmecken.

Fertigstellung
Eine Tarteform mit Butter ausstreichen. Den Teig auf einer sauberen Arbeitsplatte ausrollen (siehe Tipp S. 116 Lauwarmer Apfelkuchen) und eine Tarteform damit so auskleiden, dass ein Rand hochgezogen wird. Die Spargelscheiben darauf verteilen. Den Mozzarella etwas zerpflücken und auf den Spargel streuen. Die Sauce hollandaise über den Belag gießen. Die Tarte für ca. 25–30 Minuten in den auf 180 °C vorgewärmten Backofen (Ober-/Unterhitze) schieben.

Anrichten
Die Spargeltarte in vier Stücke schneiden, auf die Teller verteilen.

Kartoffelkuchen mit Gorgonzola und Caponata-Vinaigrette

Zutaten für 4 Personen
Zubereitungszeit: ca. 1 Stunde

Für den Kartoffelkuchen mit Gorgonzola

700 g vorwiegend festkochende
   Kartoffeln
1 Zwiebel (ca. 100 g)
1 Zweig Rosmarin
1 EL Butter
2 Knoblauchzehen
400 ml flüssige Sahne
200 ml Gemüsebrühe
1 EL Tomatenmark
Salz
frisch gemahlener weißer Pfeffer
150 g Gorgonzola

Für die Caponata-Vinaigrette

1 Bio-Zitrone
½ Bund glatte Petersilie
1 rote Chilischote
2 Tomaten
½ Knoblauchzehe
3 EL weißer Balsamico (Condimento
   bianco)
Salz
frisch gemahlener schwarzer Pfeffer
Kristallzucker
6 EL gutes Olivenöl

Kartoffelkuchen mit Gorgonzola

Die Kartoffeln schälen und in nicht zu dünne Scheiben schneiden oder hobeln. Die Zwiebel würfeln. Den Rosmarin fein hacken. Die Butter bei mittlerer Temperatur in einem Topf erhitzen und die Zwiebelwürfel darin anbraten. Die Knoblauchzehen durch eine Knoblauchpresse zu den Zwiebeln drücken und ebenfalls anbraten. Von der Sahne 5 EL beiseitestellen, mit dem Rest die Zwiebeln aufgießen. Die Brühe, das Tomatenmark, den gehackten Rosmarin und die Gewürze zu den Sahnezwiebeln geben und alles gut vermischen. Die Kartoffelscheiben in den Topf füllen und nochmals gut umrühren. Die Kartoffeln ca. 5 Minuten leicht köcheln lassen. Anschließend die Kartoffelmischung in eine ofenfeste Form umfüllen. Den Gorgonzola etwas zerteilen und in eine Rührschüssel füllen. Die restliche Sahne dazugießen und den Käse verrühren, bis er cremig wird. Die Gorgonzolacreme etwas salzen und über dem Kartoffelkuchen verteilen. Den Kartoffel-kuchen für ca. 35–40 Minuten in den auf 180 °C vorgeheizten Backofen (Ober-/Unterhitze) schieben.

Caponata-Vinaigrette

Die Zitrone heiß abwaschen und so schälen, dass nur die gelben Schalenanteile abgeschnitten werden. Die Zitronenschale würfeln. Die restliche Zitrone auspressen. Die Petersilienblätter abzupfen und fein hacken. Die Chilischote und die Tomaten entkernen und fein würfeln. Die Zutaten in eine Rührschüssel füllen. Den Knoblauch durch eine Knoblauchpresse in die Schüssel drücken. Den Essig und die Gewürze zufügen und alles gut verruhren. Das Öl abschließend unter ständigem Rühren einlaufen lassen.

Anrichten

Den Kartoffelkuchen zerteilen und auf die vorgewärmten Teller verteilen. Die Caponata-Vinaigrette in einem separaten Schälchen dazureichen.

Reissalat mit Limetten-Hähnchen, Papaya und Cashewkerne

Zutaten für 4 Personen
Zubereitungszeit: ca. 45 Minuten

Für den Reissalat
300 g Basmatireis
Salz
1 Papaya
3 Frühlingszwiebeln
1 rote Chili

Für das Dressing
5 EL Sweet-Chili-Sauce
4 EL weißer Balsamico (Condimento bianco)
1 TL Kristallzucker
Meersalz
frisch gemahlener schwarzer Pfeffer
4 EL gutes Olivenöl

Für das Limetten-Hähnchen
300 g Hähnchenbrustfilet
Meersalz
frisch gemahlener schwarzer Pfeffer
1 Bio-Limette
2 EL neutrales Pflanzenöl

Für die Cashewkerne
½ EL Butter
1 EL Kristallzucker
1 Handvoll Cashewkerne (ca. 100 g)

Reissalat
Den Basmatireis in einem ofenfesten Topf in 450 ml leicht gesalzenem Wasser aufkochen. Anschließend den Topf abdecken und für 15 Minuten in den auf 100 °C vorgeheizten Backofen (Ober-/Unterhitze) stellen. Die Flüssigkeit sollte vollständig aufgesogen sein, falls nicht, restliche Flüssigkeit abgießen, den Reis in eine große Schüssel füllen und auskühlen lassen.
Die Papaya schälen und der Länge nach halbieren. Die Kerne mit einem Esslöffel herauskratzen und das Fruchtfleisch in Würfel schneiden. Die hellen Anteile der Frühlingszwiebeln in feine Röllchen schneiden. Die Chilischote entkernen und fein würfeln. Alle Zutaten zum ausgekühlten Reis in die Schüssel geben.

Dressing
Die Chili-Sauce, den Essig, den Zucker, Salz und Pfeffer in einer kleinen Rührschüssel gut miteinander vermischen. Unter ständigem Rühren dann in einem feinen Strahl das Öl einlaufen lassen. Das fertige Dressing über den Reis gießen und den Salat vermischen.

Für das Limetten-Hähnchen
Das Hähnchenbrustfilet waschen, trocken tupfen und in Streifen schneiden. Die grüne Schale der Limette abreiben und die Limette auspressen. Das Öl in einer Pfanne erhitzen und die Fleischstreifen von allen Seiten anbraten. Das Fleisch mit Salz, Pfeffer, der Limettenschale und einem Spritzer Limettensaft würzen.

Cashewkerne
Die Butter in einer beschichteten Pfanne bei mittlerer Temperatur erhitzen. Den Zucker zugeben und karamellisieren lassen. Dann die Cashewkerne in die Pfanne geben und mehrmals gut durchschwenken.

Anrichten
Den Reissalat in Schalen anrichten und die Hähnchenstreifen darauf verteilen. Die karamellisierten Cashewkerne darüberstreuen. Alternativ die Hähnchenfiletstreifen unter den Reissalat heben und den Salat in Schalen anrichten. Mit den karamellisierten Cashewkernen bestreuen.

Frittierte Sushi mit Lachs und Avocado-Mayonnaise

Zutaten für 4 Personen
Zubereitungszeit: ca. 1 ½ Stunden

Für den frittierten Sushi-Reis mit Lachs
400 g Sushi-Reis (z. B. Nishiki)
4 EL Reisessig
1 ½ EL Kristallzucker
1 TL Salz
50 g Salatgurke
200 g sehr frisches Lachsfilet, ohne
    Haut und Gräten
2 Lauchzwiebeln
¼ TL Wasabipaste
4 Noriblätter
2 Eiweiß
5 EL Panko (Weißbrotmehl, im Asia-
    Laden erhältlich)
300 ml neutrales Pflanzenöl

Für die Avocado-Mayonnaise
½ reife Avocado
1 Spritzer Zitronensaft
2 EL Mayonnaise (aus dem Glas)
1 EL Sweet-Chili-Sauce
Salz
frisch gemahlener schwarzer Pfeffer

Zum Anrichten
etwas Wasabi-Paste

Sushi-Reis

Den Sushi-Reis nach Vorschrift in einem Reiskocher zubereiten. Alternativ den Sushi-Reis in einen ausreichen großen Topf füllen, 800 ml kaltes Wasser aufgießen und leicht salzen. Den Reis aufkochen und ca. 20–30 Min. bei mittlerer Hitze zugedeckt ausquellen lassen, bis die Flüssigkeit vollständig aufgesaugt ist.
Den Reisessig, den Zucker und das Salz in einem kleinen Topf zu einem Aufguss aufkochen.
Den fertig gegarten Reis in eine weite Holzschüssel füllen, den Aufguss zugeben und mit einem Holzlöffel untermischen. Die Schüssel mit einem feuchten Geschirrtuch abdecken und den Reis 10 Min. ruhen lassen.
Die Salatgurke entkernen und das Fruchtfleisch in dünne Stäbe schneiden. Das Lachsfilet ebenfalls stabförmig schneiden. Die Lauchzwiebeln putzen und das Weiße in Streifen schneiden.
Eine rechteckige Bambusmatte, die zum Rollen von Sushi geeignet ist, mit der schmalen Seite nach unten auf eine saubere Arbeitsplatte legen. Ein Noriblatt sorgfältig auf der Bambusmatte ausbreiten. Eine Lage Sushi-Reis so auf das Nori-Blatt löffeln, dass am oberen und unteren Rand jeweils ca. 1 cm frei bleibt. Etwa in die Mitte der Reisfläche einen Gurkenstab legen, der über die gesamte Breite reicht. Darauf eine Schicht Lachs mit etwas Wasabipaste und Lauchzwiebelstreifen anrichten. Mit Hilfe der Bambusmatte das Noriblatt vorsichtig, aber fest von unten nach oben rollen. Abschließend das Noriblatt gut andrücken.
Die Eiweiße in einer kleinen Schale kurz aufschlagen. Das Panko in eine flache Schale füllen.
Die Sushirollen mit Eiweiß bepinseln, dann im Panko wenden. Das Öl in einem Topf auf ca. 180 °C erhitzen. (Temperaturprobe: Sobald sich am Stiel eines Holzkochlöffels Blasen bilden, passt die Temperatur.) Die Sushirollen nacheinander ca. 20 Sek. frittieren, auf Küchenpapier etwas abtropfen lassen und dann in daumendicke Scheiben schneiden.

Avocado-Mayonnaise

Das Avocadofleisch mit einem Esslöffel aus der Schale lösen und in einen hohen Rührbecher füllen. Den Zitronensaft, die Mayonnaise und die Chili-Sauce dazugeben und alles mit einem Stabmixer pürieren. Die Avocado-Mayonnaise abschmecken.

Anrichten

Die Sushis auf die Teller verteilen. Die Avocado-Mayonnaise in einem separaten Schälchen dazureichen. Auf jeden Teller einen kleinen Klecks Wasabi-Paste anrichten.

Zanderfilet aus dem Gemüsesud mit Schnittlauchsauce

Zutaten für 4 Personen
Zubereitungszeit: ca. 40 Minuten

Für das Zanderfilet aus dem Gemüsesud

1 Tasse trockener Weißwein
  (ca. 150 ml)
1 Tasse Noilly Prat (ca. 150 ml)
½ Zwiebel
2 Schalotten
2 Nelken
1 Wacholderbeere
etwas Salz
4 Zanderfilets (à 160 g), ohne Haut
  und Gräten

Für die Schnittlauchsauce

2 EL Crème fraîche
½ Tasse flüssige Sahne (ca. 75 ml)
½ Bund Schnittlauch

Zum Anrichten

einige Stiele Schnittlauch
Salzkartoffeln

Zanderfilet aus dem Gemüsesud

Den Weißwein und den Noilly Prat in einen Topf gießen. Die Zwiebel und die Schalotten schälen, in Würfel schneiden und zusammen mit den Nelken, der Wacholderbeere und etwas Salz dazugeben. Den Sud einmal aufkochen.
Die Fischfilets waschen, trocknen und mit Hilfe einer Schaumkelle vorsichtig in den Sud legen. Die Hitze der Herdplatte stark reduzieren, denn der Sud sollte jetzt nicht mehr kochen. Je nach Dicke der Filetstücke benötigen sie ca. 8–10 Minuten zum Garziehen. Anschließend die Filets sehr vorsichtig aus dem Sud heben und auf einer vorgewärmten Platte warm stellen.
Den Sud durch ein Sieb gießen, dabei die Flüssigkeit auffangen.

Schnittlauchsauce

Den Zandersud wieder in den Topf füllen und bei mittlerer Hitze etwas reduzieren. Dann die Crème fraîche und die Sahne unterrühren und nochmals reduzieren. Den Schnittlauch in feine Röllchen schneiden und unter die Sauce rühren.

Anrichten

Die Schnittlauchsauce auf vorgewärmte Teller löffeln und je ein Zanderfilet darauf anrichten. Die Kartoffeln danebenlegen. Einige Stiele Schnittlauch dekorativ darüberlegen.

Thunfischtatar mit knusprigem Brotsalat

Zutaten für 4 Personen
Zubereitungszeit: ca. 30 Minuten

Für den Brotsalat

1 rote Paprikaschote
1 Zucchino
4 Lauchzwiebeln
50–100 ml gutes Olivenöl
2 Knoblauchzehen
6 EL Rotweinessig
Kristallzucker
Salz
frisch gemahlener schwarzer Pfeffer
250 g Weißbrot vom Vortag (Ciabatta
    oder Baguette)

Für das Thunfischtatar

400 g bestes Thunfischtatar
1 Schalotte
1 Cornichon
1 TL Kapern
1 Sardelle
1 EL scharfer Senf
2 EL Sweet-Chili-Sauce
1 EL Ketchup
Salz
frisch gemahlener schwarzer Pfeffer
etwas Tabascosauce

Zum Anrichten

1 Lauchzwiebel, in feine Röllchen
    geschnitten

Brotsalat

Die Paprikaschote und den Zucchino grob würfeln. Die hellen Anteile der Lauchzwiebeln in Ringe schneiden. 50 ml Öl in einer Pfanne erhitzen und das vorbereitete Gemüse darin anbraten. Die Knoblauchzehen durch eine Knoblauchpresse zum Gemüse pressen und nochmals durchschwenken. Das Gemüse mit dem Essig ablöschen und mit Zucker, Salz und Pfeffer würzen. Anschließend das Gemüse abkühlen lassen.

Das Brot in grobe Würfel schneiden. Die Brotwürfel auf einem Backblech ausbreiten und ca. 10 Minuten bei 200 °C im vorgeheizten Backofen (Umluft) rösten. Alternativ 50 ml Öl in einer Pfanne erhitzen und die Brotwürfel darin rösten. Die gerösteten Brotwürfel unmittelbar vor dem Servieren unter den Salat heben.

Thunfischtatar

Den Fisch in eine Schüssel geben. Die Schalotte schälen, zusammen mit dem Cornichon in sehr feine Würfel schneiden und beides zum Fisch geben. Die Kapern und die Sardelle fein hacken und ebenfalls zum Fisch geben. Die restlichen Zutaten hinzufügen und alles gut vermischen. Abschließend nochmals abschmecken.

Anrichten

Den Brotsalat auf die Teller verteilen. Mit Hilfe eines Anrichterings das Tatar dekorativ daneben anrichten. Das Tatar mit einigen Lauchzwiebelröllchen garnieren.

Feinschmecker-Wrap »Asia«

Zutaten für 4 Personen
Zubereitungszeit: ca. 45 Minuten

Für die marinierten Hähnchenfiletstreifen
6 EL Sojasauce
3 EL Sweet-Chili-Sauce
1 TL flüssiger Honig
1 EL frisch geriebener Ingwer
1 Knoblauchzehe
3 Stängel Koriander
1 TL Kartoffelstärke
400 g Hähnchenbrustfilet
3 EL geröstetes Sesamöl

Für die Füllung
100 g Weißkohl
1 rote Paprikaschote
1 kleine Zwiebel
150 g Tofu, geräuchert

Für die Fertigstellung
4–8 Tortillas

Marinierte Hähnchenfiletstreifen

Die Sojasauce, die Chili-Sauce, den Honig und den Ingwer in einen Topf geben. Die Knoblauchzehe durch eine Knoblauchpresse in den Topf drücken. Die Korianderblätter abzupfen, fein hacken und unterrühren. Die Marinade aufkochen. Die Kartoffelstärke mit sehr wenig Wasser anrühren und unter die Marinade mischen. Nochmals kurz aufkochen. Die Marinade vom Herd ziehen und vor der Weiterverwendung vollständig auskühlen lassen. Das Fleisch waschen, trocken tupfen und in Streifen schneiden. Das Öl in einer Pfanne erhitzen und die Hähnchenbrustfiletstreifen darin von allen Seiten anbraten. Die durchgegarten Filetstreifen anschließend unter die Marinade rühren.

Füllung

Den Weißkohl in feine Streifen schneiden. Die Paprikaschote entkernen und ebenfalls in feine Streifen schneiden. Die Zwiebel schälen, halbieren und in feine Scheiben schneiden. Den Tofu in kleine Würfel schneiden. Alle Zutaten in separate Schalen füllen.

Fertigstellung

Die Tortillas nach Packungsangaben entweder im Backofen oder im Mikrowellengerät aufwärmen. Die fertigen Tortillas auf einer sauberen Arbeitsfläche ausbreiten und eine kleine Menge von allen Zutaten für die Füllung und dem marinierten Fleisch als Strang in der Mitte so anrichten, dass rechts und links ein kleiner Rand frei bleibt. Anschließend werden die rechte und linke Seite der Tortilla eingeklappt und sie wird von unten nach oben fest eingerollt.

Anrichten

Die Tortilla in der Mitte schräg durchschneiden und auf die Teller legen.

TIPP

Für einen geselligen Abend mit Freunden können die Zutaten für die Füllung und das marinierte Fleisch in den separaten Schalen auch am Tisch serviert werden. Die Gäste können sich dann ganz nach Belieben ihren Wrap kreieren.

Zitronengrassüppchen mit gerösteten Kokosflocken

Zutaten für 4 Personen
Zubereitungszeit: ca. 30 Minuten

Für das Zitronengrassüppchen
200 g Zitronengras
800 ml Kokosmilch
1 Schalotte
1 EL frischer Ingwer, gewürfelt
1 EL Butter
1 EL Mehl
5 EL Sweet-Chili-Sauce
Saft 1 Zitrone
¼ TL mildes Currypulver
¼ TL Kurkuma
2 EL Mango-Chutney (Glas)
Salz

Für die gerösteten Kokosflocken
4 EL Kokosflocken

Zitronengrassüppchen

Das Zitronengras grob zerkleinern. Das Zitronengras mit der Kokosmilch in einen Topf füllen, aufkochen und ca. 5 Minuten köcheln lassen. Anschließend durch ein Sieb gießen und die aromatisierte Kokosmilch auffangen. Die Schalotte schälen und in feine Würfel schneiden. Die Schale des Ingwers abschaben und den Ingwer sehr fein würfeln. Die Butter in einem Topf bei mittlerer Temperatur erhitzen und die Schalotten- und Ingwerwürfel leicht anbraten. Das Mehl dazugeben und gut verrühren. Mit der aromatisierten Kokosmilch aufgießen. Die restlichen Zutaten zum Süppchen geben und aufkochen. Das Süppchen abschmecken und mit einem Stabmixer gut aufmixen.

Geröstete Kokosflocken

Eine beschichtete Pfanne ohne Fettzugabe bei mittlerer Temperatur erhitzen und die Kokosflocken darin goldbraun rösten.

Anrichten

Das Zitronengrassüppchen auf vier vorgewärmte, tiefe Teller verteilen und die gerösteten Kokosflocken darüberstreuen.

TIPP

Zitronengras kann man entweder grob zerkleinern oder mit dem Griff eines großen Messers etwas zerquetschen, damit sich die Aromen besser entfalten.

GEMÜSE

Auberginen-Schnitte mit Minze und Bulgur

Zutaten für 4 Personen
Zubereitungszeit: ca. 45 Minuten

Für den Tomatensugo
1 Zwiebel
1 kleine Karotte
¼ Stange Lauch
2 Knoblauchzehen
5 EL Olivenöl
1 Handvoll schwarze Oliven (ca. 100 g, ohne Stein)
500 ml Eiertomaten (Dose)
Salz
frisch gemahlener schwarzer Pfeffer
Kristallzucker
2 Stängel Basilikum

Für die Auberginen-Schnitten
1 große Aubergine
Salz
frisch gemahlener schwarzer Pfeffer
2 EL Butter
2 EL Mehl
1 Tasse Bulgur
150 g Schafskäse (Feta)
10 Blätter Minze
3 EL frisch geriebener Parmesan
2 Msp. gemahlener Safran

Zum Anrichten
einige Blätter Minze

Tomatensugo
Die Zwiebel, die Karotte und den Lauch fein würfeln. Den Knoblauch fein hacken oder durch eine Knoblauchpresse drücken. Das Öl in einem Topf erhitzen und die Zwiebeln, die Karotte, den Lauch und den Knoblauch gut anbraten. Die Oliven grob hacken und einmal kurz mitschwenken. Mit den Tomaten aufgießen und mit Salz, Pfeffer und Zucker würzen. Die Sauce ca. 15 Minuten köcheln lassen, dabei gelegentlich umrühren. Das Basilikum waschen, trocken schütteln, die Blättchen abzupfen und in Streifen schneiden. Die Basilikumstreifen in die Sauce rühren und nochmals abschmecken.

Auberginen-Schnitten
Die Aubergine waschen, putzen und in ca. 1,5 cm dicke Scheiben schneiden. Die Gemüsescheiben von beiden Seiten mit Salz und Pfeffer würzen. Die Butter in einer Pfanne bei mittlerer Temperatur erhitzen. Das Mehl in ein flache Schale geben und die Auberginen auf beiden Seiten leicht mehlieren. Die Gemüsescheiben in der Butter von beiden Seiten anbraten.
Den Bulgur mit 2 Tassen leicht gesalzenem Wasser aufkochen und 10–15 Minuten ausquellen (siehe auch Hinweise des Herstellers). Danach den Bulgur in eine Schüssel füllen und etwas auskühlen lassen. Den Schafskäse etwas zerpflücken. Die Minzeblätter fein hacken. Den Käse und die Minze zusammen mit dem Parmesan und dem Safran unter den Bulgur mischen. Mit Salz und Pfeffer würzen.
Die Auberginenscheiben auf einem mit einem Backpapier ausgekleideten Backblech nebeneinander auslegen. Die Bulgurmischung auf den Gemüsescheiben anrichten.
Die Auberginen-Schnitten für 10 Minuten in den auf 180°C vorgeheizten Backofen (Oberhitze) schieben.

Anrichten
Einen kleinen Schöpflöffel Tomatensugo auf die vorgewärmten Teller gießen und die Auberginen-Schnitten darauf anrichten. Mit den Minzeblättern garnieren.

Gemüse-Moussaka mit Kartoffeln und Käsesauce

Zutaten für 4 Personen
Zubereitungszeit: ca. 70 Minuten

Für die Kartoffeln

500 g vorwiegend festkochende
   Kartoffeln
3 EL neutrales Pflanzenöl
1 TL Salz

Für die Tomaten-Gemüse-Sauce

1 Zwiebel
1 kleine Karotte
¼ Stange Lauch
1 Zucchino
½ Aubergine
2 Knoblauchzehen
2 EL Olivenöl
200 ml passierte Tomaten
3 EL Ketchup
1 Zweig Thymian
Salz
frisch gemahlener schwarzer Pfeffer
Kristallzucker

Für die Käsesauce

1 EL Butter
1 EL Mehl
100 ml Milch
200 ml flüssige Sahne
150 g frisch geriebenen Gouda
Salz
frisch gemahlener schwarzer Pfeffer

Für die Fertigstellung

100 g Schafskäse (Feta)

Kartoffeln

Die ungeschälten Kartoffeln in Salzwasser kochen und anschließend etwas abdampfen lassen. Die Kartoffeln schälen und abkühlen lassen. Dann die Kartoffeln in Scheiben (ca. 3 mm dick) schneiden. Einen Esslöffel Öl in einer Pfanne erhitzen. Die Kartoffelscheiben flach nebeneinander in der Pfanne auslegen und anbraten. Diesen Vorgang mit allen Kartoffelscheiben durchführen, dabei gelegentlich etwas Öl nachgießen.

Tomaten-Gemüse-Sauce

Die Zwiebel, die Karotte, den Lauch, den Zucchino und die Aubergine fein würfeln. Den Knoblauch durch eine Knoblauchpresse drücken. Das Öl in einem Topf erhitzen und die Zwiebeln, die Gemüsewürfel und den Knoblauch gut anbraten. Mit den Tomaten aufgießen und das Ketchup und den Thymianzweig zugeben. Mit Salz, Pfeffer und Zucker würzen. Die Sauce ca. 15 Minuten köcheln lassen, dabei gelegentlich umrühren. Anschließend den Thymianzweig entfernen.

Käsesauce

Die Butter bei mittlerer Temperatur in einem Topf erhitzen. Dann das Mehl einrühren, dabei gut rühren, damit das Mehl nicht zu viel Farbe annimmt. Unter kräftigem Rühren die Milch aufgießen und dann die Sahne unterrühren. Falls die Sauce zu dicklich ist noch etwas Sahne oder Milch nachdosieren. Den geriebenen Käse in die Sauce rühren und schmelzen. Mit Salz und Pfeffer abschmecken.

Fertigstellung

Die Kartoffelscheiben abwechselnd mit der Tomaten-Gemüse-Sauce in eine gebutterte Auflaufform schichten. Anschließend die Käsesauce darauf verteilen und darüber den Schafskäse bröseln. Die fertig geschichtete Gemüse-Moussaka für 30 Minuten im auf 200 °C vorgeheizten Backofen (Ober-/Unterhitze) backen.

Anrichten

Die Moussaka in vier Teile schneiden und auf den vorgewärmten Tellern anrichten.

Feigentörtchen mit Camembert und süßen Walnüssen

Zutaten für 4 Personen
Zubereitungszeit: ca. 1 ¼ Stunden

Für die Feigentörtchen
125 g Mehl Type 405 und etwas mehr
    für die Formen
90 g Butter
Salz
4 reife Feigen
1 EL Butter
½ EL Kristallzucker
10 Walnusskerne
1 Zweig Thymian
frisch gemahlener schwarzer Pfeffer
4 Tarteletteförmchen
200 g Camembert

Zum Anrichten
einige Zweige Thymian

Feigentörtchen
Das Mehl auf eine saubere Arbeitsfläche sieben und 60 g kalte Butter als Flöckchen darüber verteilen. In der Mitte eine kleine Vertiefung formen und einen ¼ TL Salz und 50 ml kaltes Wasser hineingeben. Alle Zutaten zügig zu einem geschmeidigen Teig verkneten. Aus dem Teig eine Rolle formen, mit Frischhaltefolie umwickeln und ca. 30 Minuten kalt stellen.
Die Feigen in Spalten schneiden. 20 g Butter in einer kleinen Pfanne erhitzen und den Zucker karamellisieren lassen. Die Feigenspalten, die Walnusskerne und den Thymianzweig dazugeben und gut durchschwenken. Die Feigen mit Salz und Pfeffer würzen. Die Tarteletteformen dünn mit der restlichen Butter ausstreichen und mit Mehl bestäuben. Den Mürbteig auf einer sauberen Arbeitsfläche ca. 3–4 mm dick ausrollen (siehe Tipp S. 116 Lauwarmer Apfelkuchen) und mit dem Teig die Tarteletteformen auskleiden. Die Feigen als Belag gleichmäßig auf die Teigböden verteilen. Den Camembert entweder in Scheiben schneiden oder etwas zerpflücken und auf die Feigen legen. Die Feigentörtchen für 20 Minuten in den auf 180 °C vorgeheizten Backofen (Ober-/Unterhitze) schieben.

Anrichten
Die Törtchen aus den Formen lösen und auf die vorgewärmten Teller legen. Mit einigen Thymianblättchen garnieren

Tipp
Nach Belieben kann hier noch
ein Feldsalat mit einem fruchtigen
Dressing gereicht werden. 2 EL
weißer Balsamico (Condimento
bianco), 2 EL Weißweinessig
mit Holunderblüten, Salz, frisch
gemahlener schwarzer Pfeffer und
Kristallzucker gut verrühren und
anschließend unter Rühren 3 EL
Leinsamenöl einlaufen lassen.

Kichererbsen mit Zucchino und exotischer Karotten-Jus

Zutaten für 4 Personen
Zubereitungszeit: ca. 30 Minuten

Für die Kichererbsen mit Zucchino
1 mittlerer Zucchino
1 kleine Zwiebel
1 EL Butter
500 g Kichererbsen (vorgekocht)
Salz
frisch gemahlener schwarzer Pfeffer
2 Msp. mildes Currypulver

Für die exotische Karotten-Jus
ca. 400 g Karotten
¼ rote Chilischote
1 TL frisch geriebener Ingwer
1 Knoblauchzehe
½ TL Kristallzucker
Salz
frisch gemahlener schwarzer Pfeffer
1 EL Butter

Kichererbsen mit Zucchino

Den Zucchino und die Zwiebel würfeln. Die Butter in einer Pfanne bei mittlerer Temperatur erhitzen und die Zwiebel- und Zucchinowürfel darin anbraten. Die Kichererbsen und das Currypulver zugeben und nochmals kräftig durchschwenken. Mit Salz und Pfeffer gut abschmecken.

Exotische Karotten-Jus

Die Karotten waschen und putzen. Anschließend in einem Entsafter reiben, auspressen und den Karottensaft auffangen. Den Saft in einen Topf umfüllen und aufkochen, dabei aufsteigenden Schaum mit einer Schaumkelle abschöpfen. Die Chilischote entkernen, fein hacken und zusammen mit dem Ingwer zum Karottensaft geben. Den Knoblauch durch eine Knoblauchpresse in den Karottensaft drücken. Den Karottensaft gut mit Zucker, Salz und Pfeffer würzen. Zum Schluss die Butter unter die Jus rühren. Die Jus in einen hohen Mixbecher umfüllen und mit einem Stabmixer gut aufmixen. Anschließend nochmals abschmecken.

Anrichten

Die Kichererbsen mit Zucchino auf den vorgewärmten Tellern anrichten. Eine kleine Schöpfkelle exotische Karotten-Jus danebengießen.

Süßkartoffel-Nuggets mit Honig-Chili-Schmand

Zutaten für 4 Personen
Zubereitungszeit: ca. 60 Minuten

Für die Süßkartoffel-Nuggets
500 g Süßkartoffeln
Salz
1 Zucchino
¼ rote Paprikaschoto
2 Eier
2 EL Mehl
¼ TL edelsüßes Paprikapulver
frisch gemahlener schwarzer Pfeffer
5 EL Butter

Für den Honig-Chili-Schmand
200 g Schmand
½ rote Chilischote
2 EL flüssiger Honig
Salz
frisch gemahlener schwarzer Pfeffer

Für den Tomatensalat
2 Handvoll reife Tomaten (ca. 400 g)
1 milde weiße Zwiebel
3 EL Aceto balsamico
Salz
frisch gemahlener schwarzer Pfeffer
Kristallzucker
3 EL gutes Olivenöl

Süßkartoffel-Nuggets
Die Süßkartoffeln schälen, in grobe Stücke schneiden und in kochendem Salzwasser ca. 20–25 Minuten sehr weich garen. Die Süßkartoffeln dann abdampfen lassen, durch eine Kartoffelpresse in eine Schüssel drücken und erkalten lassen. Den Zucchino fein raspeln. Die Gemüseraspel etwas ausdrücken und zu den abgekühlten Süßkartoffeln geben. Die Paprikaschote würfeln und ebenfalls in die Schüssel füllen. Die Eier, das Mehl, das Paprikapulver, Salz und Pfeffer zufügen und alles zu einem gleichmäßigen Teig verrühren. 2 EL Butter in einer Pfanne bei mittlerer Temperatur erhitzen. Aus dem Süßkartoffelteig Nuggets formen und diese portionsweise von allen Seiten in der Pfanne goldgelb braten. Bei Bedarf weitere Butter zugeben.

Honig-Chili-Schmand
Den Schmand in eine Rührschüssel umfüllen. Die Chilischote putzen, entkernen und sehr fein hacken. Die Chilischote mit dem Honig zum Schmand geben. Alles gut vermischen. Den Honig-Chili-Schmand abschmecken.

Tomatensalat
Die Tomaten in Spalten schneiden oder halbieren. Die Zwiebel in dünne Scheiben oder in kleine Würfel schneiden. Beides in eine Schüssel geben und etwas vermischen. Den Essig mit Salz, Pfeffer und Zucker in einem Rührbecher verrühren und unter Rühren das Öl einlaufen lassen. Das Dressing über die Tomaten gießen und untermischen.

Anrichten
Die Süßkartoffel-Nuggets auf 4 Teller verteilen und etwas Honig-Chili-Schmand daneben anrichten. Den Tomatensalat separat in Schalen dazu servieren.

Gemüse-Döner mit »Scharf«

Zutaten für 4 Personen
Zubereitungszeit: ca. 45 Minuten

Für den Weißkohlsalat
2 Handvoll Weißkohl
    (ca. 200 g, in Streifen geschnitten)
Salz
2 EL heller Essig
1 TL Kristallzucker
etwas neutrales Pflanzenöl

Für die Paprikastreifen
2 rote Paprikaschoten
2 EL Olivenöl

Für den Tofu
500 g Räuchertofu
1 EL Butter
3 EL Sojasauce
1 TL flüssiger Honig
1 Msp. edelsüßes Paprikapulver
2 Msp. mildes Currypulver
Salz
frisch gemahlener schwarzer Pfeffer

Für die Joghurtsauce
4 EL Natur-Joghurt, Fettgehalt ca. 3,5 %
2 EL Mayonnaise
etwas frisch gepresster Zitronensaft
Salz
Kristallzucker
frisch gemahlener schwarzer Pfeffer

Für die Fertigstellung
4 Döner-Brötchen
2 Tomaten
½ Salat-Gurke
1 TL grober Cayennepfeffer

Weißkohlsalat
Die Weißkohlstreifen in eine Schüssel legen und salzen. Dann die Weißkohlstreifen kräftig durchkneten. Den Essig mit dem Zucker in einem Rührbecher vermischen und unter Rühren das Öl einlaufen lassen. Die Marinade über die Weißkohlstreifen gießen und alles gut durchmischen. Den Salat nochmals abschmecken. Den Salat etwas durchziehen lassen.

Paprikastreifen
Die Paprikaschoten waschen, halbieren, putzen und entkernen. Die Paprikahälften mit der Schnittseite nach unten auf ein Backblech legen und für ca. 10 Minuten im vorgeheizten Backofen (Grillstufe) so lange grillen, bis die Schale schwarz wird. Die Paprikahälften herausnehmen und mit einem feuchten Tuch abdecken. Wenn sie etwas abgekühlt sind, die Schale vollständig ablösen. Das Fruchtfleisch in feine Streifen schneiden und beiseitestellen.

Tofu
Den Räuchertofu in Streifen schneiden. Die Butter bei mittlerer Temperatur in einer Pfanne erhitzen und die Tofustreifen anbraten. Die Sojasauce, den Honig und die Gewürze zugeben und alles kräftig durchschwenken. Die Tofustreifen bei ca. 80 °C im Backofen warm halten.

Joghurt-Sauce
Alle Zutaten in einem hohen Rührbecher gut vermischen und nochmals abschmecken.

Fertigstellung
Die Dönerbrötchen im auf 180 °C vorgeheizten Backofen (Umluft) knusprig aufbacken. Die Brötchen anschließend aufschneiden, dabei aber nicht ganz durchschneiden. Die Tomaten und die Gurke in dünne Scheiben schneiden und auf die untere Hälfte des Döner-Brötchens legen. Dann den Weißkohlsalat, die Paprikastreifen und den Räuchertofu gleichmäßig auf die Brötchen verteilen. Zum Schluss etwas Joghurt-Sauce und eine Prise Cayenne-Pfeffer über die Füllung geben. Die fertigen Gemüse-Döner auf den vorbereiteten Tellern servieren.

TIPP
Dieses Gericht eignet sich wunderbar für einen geselligen Abend mit Freunden. Einfach alle Zutaten in separaten Schälchen auf den Tisch stellen. So kann sich jeder seinen Lieblingsdöner zusammenstellen. Für Fleischfans kann dann auch noch ein Schälchen mit kurz angebratenen und mit Salz und Pfeffer gewürzten Putenfiletstreifen gereicht werden.

Meerrettichrösti mit Pilzragout

Zutaten für 4 Personen
Zubereitungszeit: ca. 45 Minuten

Für die Kartoffelrösti

500 g Kartoffeln
1 EL scharfer Meerrettich (Glas)
Salz
frisch gemahlener schwarzer Pfeffer
4 EL neutrales Pflanzenöl

Für das Pilzragout

2 Handvoll Pilze (ca. 200 g, z. B.
    Champignons, Pfifferlinge, Steinpilze)
2 Schalotten
2 EL Butter
1 Knoblauchzehe
½ Tasse trockener Weißwein (ca. 75 ml)
4 EL Crème fraîche
2 EL frisch geriebener Parmesan
Salz
frisch gemahlener schwarzer Pfeffer
etwas frisch gepresster Zitronensaft

Zum Anrichten

½ Bund glatte Petersilie

Kartoffelrösti

Die Kartoffeln waschen und schälen. Dann die Kartoffeln auf einer Rösti-Reibe raspeln. Die Kartoffelraspel zügig in ein sauberes Leinentuch einschlagen und ausdrücken, damit sie sich nicht verfärben. Die Kartoffelraspel in einer Schüssel mit dem Meerrettich vermischen und mit Salz und Pfeffer würzen. 2 EL Öl in einer Pfanne erhitzen und jeweils einen großen Löffel Röstimasse nebeneinander in die Pfanne geben. Die Rösti auf jeder Seite ca. 5 Minuten goldgelb ausbacken. Anschließend die Rösti zum Abtropfen auf Küchenpapier legen. Mit dem restlichen Teig genauso verfahren, dabei immer wieder etwas frisches Öl in die Pfanne geben.

Pilzragout

Die Pilze trocken säubern und gegebenenfalls klein schneiden. Die Schalotten fein würfeln. Die Butter bei mittlerer Temperatur in einem Topf erhitzen und die Schalotten anschwitzen. Dann die Pilze zugeben und den Knoblauch durch eine Knoblauchpresse in den Topf drücken. Alles zusammen gut anbraten. Anschließend mit dem Wein ablöschen und diesen einkochen. Dann die Crème fraîche zufügen und nochmals etwas einkochen, damit das Ragout eine cremige Konsistenz annimmt. Den Parmesan unterrühren und mit den Gewürzen abschmecken.

Anrichten

Die Petersilie hacken. Das Pilzragout auf die vorgewärmten Teller verteilen und die Rösti etwas überlappend am Rand anlegen. Mit reichlich Petersilie bestreuen.

Geschmorte Paprikaschoten mit Gemüsefüllung und cremiger Tomatensauce

Zutaten für 4 Personen
Zubereitungszeit: ca. 1 ½ Stunden

Für die cremige Tomatensauce

1 Zwiebel
1 kleine Karotte
¼ Stange Lauch
2 Knoblauchzehen
5 EL Olivenöl
500 ml Eiertomaten (Dose)
100 ml flüssige Sahne
Salz
frisch gemahlener schwarzer Pfeffer
Kristallzucker
2 Stängel Basilikum

Für die gefüllten Paprikaschoten

150 g Karotte
1 Kohlrabi
1 Zwiebel
1 EL Butter
1 Knoblauchzehe
100 g Erbsen
½ Tasse Linsen (ca. 100 g, vorgegart)
¼ Bund Kräuter (z. B. Petersilie,
    Schnittlauch)
1 rote Chilischote
1 EL Rosinen, eingeweicht
Salz
frisch gemahlener schwarzer Pfeffer
4 rote Paprikaschoten

Cremige Tomatensauce

Die Zwiebel, die Karotte und den Lauch fein würfeln. Den Knoblauch durch eine Knoblauchpresse drücken. Das Öl in einem Topf erhitzen und die Zwiebeln, die Karotte, den Lauch und den Knoblauch gut anbraten. Mit den Tomaten und der Sahne aufgießen und mit Salz, Pfeffer und Zucker würzen. Die Sauce ca. 15 Minuten köcheln lassen, dabei gelegentlich umrühren. Das Basilikum waschen, trocken schütteln, die Blättchen abzupfen und in Streifen schneiden. Die Basilikumstreifen in die Sauce rühren und nochmals abschmecken.

Gefüllte Paprikaschoten

Die Karotte und den Kohlrabi in kleine Würfel schneiden. Die Zwiebel fein würfeln. Die Butter bei mittlerer Temperatur in einer Pfanne erhitzen und die Zwiebelwürfel darin anschwitzen. Den Knoblauch durch eine Knoblauchpresse in die Pfanne drücken und kurz durchschwenken. Die Gemüsewürfel, die Erbsen und die Linsen zugeben und alles zusammen gut anschwitzen. Die Kräuter waschen, gut trocknen und fein hacken. Die Chilischote in feine Würfel schneiden. Die Rosinen grob hacken. Alles zusammen zum Gemüse geben und nochmals gut durchschwenken. Mit Salz und Pfeffer würzen. Von den Paprikaschoten kleine Deckel abschneiden, diese beiseitelegen und die Kerne entfernen. Die Schoten waschen, trocknen und die Innenseite etwas salzen und pfeffern. Die Füllung mit einem Esslöffel in die Paprikaschoten füllen und leicht anpressen.
Die cremige Tomatensauce in einen ofenfesten Topf passender Größe füllen und die gefüllten Paprikaschoten mit aufgelegten Deckeln hineinsetzen. Den Topf zugedeckt für 50 Minuten in den auf 180 °C vorgeheizten Backofen (Ober-/Unterhitze) schieben.

Anrichten

Die Tomatensauce als Spiegel auf die vorgewärmten Teller gießen. Jeweils eine gefüllte Paprikaschote darauf anrichten, dabei den Deckel seitlich anlegen. Nach Belieben kann hier noch ein frisches Ciabatta oder Baguette dazugereicht werden.

FISCH UND MEERES-FRÜCHTE

Kartoffelrösti mit Räucheraal und Dill-Crème fraîche

Zutaten für 4 Personen
Zubereitungszeit: ca. 45 Minuten

Für die Kartoffelrösti
600 g vorwiegend festkochende
    Kartoffeln
Salz
frisch gemahlener schwarzer Pfeffer
2 Zweige Rosmarin
4 EL Butterschmalz

Für die Dill-Crème-fraîche
1 Becher Crème fraîche (ca. 200 g)
Salz
frisch gemahlener schwarzer Pfeffer
einige Spritzer frisch gepresster
    Zitronensaft
½ Bund Dill

Für den Räucheraal
300 g Räucheraalfilet (ohne Haut und
    Gräten)

Kartoffelrösti
Die Kartoffeln schälen und raspeln. Die Raspel sofort mit Hilfe eines Leinentuchs auspressen und mit Salz und Pfeffer würzen. Den Rosmarin waschen, abzupfen, fein hacken und unter die Kartoffeln mischen. Etwas Butterschmalz in einer Pfanne erhitzen und kleine, runde Rösti portionsweise knusprig, goldgelb ausbacken. Die Rösti anschließend auf Küchenpapier etwas abtropfen lassen.

Dill-Crème-fraîche
Die Crème fraîche mit dem Salz, dem Pfeffer und dem Zitronensaft cremig verrühren. Den Dill waschen, gut trocknen und abzupfen, dabei einige Zweige als Garnitur beiseitelegen. Den fein gehackten Dill unter die Creme rühren und nochmals abschmecken.

Räucheraal
Das Räucheraalfilet in 4 Portionen teilen und auf einen ofenfesten Teller legen. Den Teller fest mit Frischhaltefolie umwickeln und für 5 Minuten in den auf 80 °C vorgeheizten Backofen (Ober-/ Unterhitze) schieben.

Anrichten
Die Kartoffelrösti auf die vorgewärmten Teller verteilen und jeweils einen Löffel Dill-Crème-fraîche danebensetzen. Die temperierten Räucheraalfilets an die Rösti anlegen und mit den Dillzweigen garnieren.

Aromahäppchen mit Lachs und cremigem Sauerkraut

Zutaten für 4 Personen
Zubereitungszeit: ca. 45 Minuten

Für das cremige Sauerkraut

500 g Sauerkraut
1 kleine Zwiebel
1 Knoblauchzehe
½ TL Butter
300 ml flüssige Sahne
2 EL Crème fraîche
1 Lorbeerblatt
1 Nelke
Salz
frisch gemahlener schwarzer Pfeffer

Für die Aromahäppchen

½ Bund Kerbel gehackt
4 Lachsfilets (à ca. 160 g, ohne Haut
    und Gräten)
8 Scheiben Räucherlachs
2 EL Butter
1 Tomate
Salz
frisch gemahlener schwarzer Pfeffer

Cremiges Sauerkraut

Das Sauerkraut gut wässern und anschließend abtropfen lassen. Die Zwiebel und die Knoblauchzehe fein würfeln. Die Butter bei mittlerer Temperatur in einem Topf erhitzen und die Zwiebel- und Knoblauchwürfel gut anbraten. Das Sauerkraut dazugeben und etwas andünsten. Mit der Sahne und der Crème fraîche aufgießen und die Gewürze zugeben. Das Sauerkraut ca. 30 Minuten leicht köcheln lassen. Währenddessen einige Male umrühren. Abschließend das cremige Sauerkraut nochmals abschmecken.

Aromahäppchen

Die Kerbelblättchen fein hacken und in eine flache Schale füllen. Die Lachsfilets waschen, trocken tupfen und halbieren. Jede Hälfte im Kerbel wenden und dann mit einer Scheibe Räucherlachs umwickeln. Die Butter bei mittlerer Temperatur in einer Pfanne erhitzen und die Lachspäckchen darin anbraten und anschließend gar ziehen lassen. Die fertigen Lachspäckchen aus der Pfanne heben und warm stellen. Die Tomate halbieren, das Kerngehäuse entfernen und das Fruchtfleisch in kleine Würfel schneiden. Die Tomatenwürfel im Bratfett etwas andünsten und abschmecken.

Anrichten

Das cremige Sauerkraut als Bett auf den Tellern anrichten und je 2 Aromahäppchen darauf anrichten.

Christians Gourmetfilet mit Rucola-Püree

Zutaten für 4 Personen
Zubereitungszeit: ca. 1 Stunde

Für das Gourmetfilet

4 Fischfilets (z. B. Kabeljau, à 170 g,
  ohne Haut und Gräten)
Salz
Zitronensaft
1 EL frisch geriebener Parmesan
4 EL Panko
  (Weißbrotmehl, im Asia-Laden
  erhältlich; alternativ Semmelbrösel)
¼ TL mildes Currypulver
3 EL weiche Butter

Für die Sauce

100 g Bresaola
1 Zwiebel
1 kleine Karotte
¼ Stange Lauch
2 Knoblauchzehen
5 EL Olivenöl
500 ml Eiertomaten (Dose)
Salz
frisch gemahlener schwarzer Pfeffer
Kristallzucker
½ Bund Kräuter
  (z. B. Basilikum, Petersilie, Oregano)

Für das Rucola-Püree

500 g mehligkochende Kartoffeln
100 ml Milch
2 EL Butter
Salz
1 Bund Rucola

Gourmetfilet

Die Fischfilets waschen, trocken tupfen und mit Salz und Zitronensaft würzen. Den Parmesan, das Panko, das Currypulver und etwas Salz in einer Schale vermischen und anschließend mit 2 EL Butter zu einer weichen Paste vermischen. Eine ofenfeste Form mit der restlichen Butter (1 EL) ausstreichen. Die Fischfilets nebeneinander in die Form legen und die Würzpaste darauf verteilen. Die Fischfilets für ca. 30 Minuten in den auf 180 °C vorgeheizten Backofen (Ober-/Unterhitze) schieben.

Sauce

Den Bresaola und die Zwiebel in feine Würfel schneiden. Die Karotte und den Lauch putzen und ebenfalls fein würfeln. Den Knoblauch schälen und fein hacken oder durch eine Knoblauchpresse drücken. Das Öl in einem Topf erhitzen und die Bresaolawürfel anbraten. Die Zwiebeln, die Karotte, den Lauch und den Knoblauch dazugeben und ebenfalls gut anbraten. Mit den Tomaten aufgießen und mit Salz, Pfeffer und Zucker würzen. Die Sauce ca. 15 Minuten köcheln lassen, dabei gelegentlich umrühren. Die Kräuterblättchen fein hacken. Die Kräuter in die Sauce rühren und nochmals abschmecken.

Kartoffelpüree

Die Kartoffeln schälen und in Salzwasser weich kochen. Die Kartoffeln abgießen, etwas ausdampfen lassen und dann durch eine Kartoffelpresse drücken. Die Milch erhitzen und die Butter darin schmelzen. Das Butter-Milch-Gemisch zu den Kartoffeln gießen und ein cremiges Püree rühren. Mit Salz gut abschmecken. Den Rucola waschen, sehr gut trocknen und grob hacken. Vor dem Servieren den Rucola unter das Püree mischen.

Anrichten

Etwas Sauce auf die Teller gießen und je ein Fischfilet darauf anrichten. Das Rucolapüree in separaten Schalen dazu reichen.

Gratiniertes Forellenfilet mit Orangenfenchel

Zutaten für 4 Personen
Zubereitungszeit: ca. 30 Minuten

Für die gratinierten Forellenfilets
2 EL weiche Butter
½ Bund glatte Petersilie
1 TL grober Senf
3 EL frisch geriebener Gruyère
   (Greyerzer Käse)
2 EL Panko (Weißbrotmehl, im
   Asia-Laden erhältlich; alternativ
   Semmelbrösel)
Salz
frisch gemahlener schwarzer Pfeffer
8 Forellenfilets (à ca. 80 g, ohne Haut
   und ohne Gräten)

Für den Orangenfenchel
2 Fenchelknollen
2 Schalotten
1 EL Butter
1 TL Kristallzucker
1 Orange
½ TL grüne Pfefferkörner
1 Msp. Safranpulver
Salz

Gratinierte Forellenfilets
Die Butter in eine Rührschüssel geben. Die Petersilienblätter fein hacken. Die Petersilie zusammen mit dem Senf, dem Käse und dem Panko zu der Butter geben und zu einer weichen Paste vermischen. Mit Salz und Pfeffer würzen. Die Forellenfilets mit der Hautseite nach unten nebeneinander in eine ofenfeste Form legen und die Butter-Brösel-Mischung gleichmäßig darauf verteilen. Die Forellenfilets 8 Minuten im auf 250 °C vorgeheizten Backofen (Oberhitze) gratinieren.

Orangenfenchel
Den Fenchel putzen, halbieren und in dünne Spalten schneiden. Die Schalotten in feine Streifen schneiden. Die Butter bei mittlerer Temperatur in einer Pfanne erhitzen und die Schalotten und den Fenchel gut anschwitzen. Den Zucker darüberstreuen und leicht karamellisieren lassen. Die Orange auspressen und mit dem Saft den Fenchel ablöschen. Den grünen Pfeffer und den Safran dazugeben und mit Salz abschmecken.

Anrichten
Den Orangenfenchel auf die vorgewärmten Teller verteilen und je 2 gratinierte Forellenfilets darauf anrichten.

TIPP
Bei etwas größerem Appetit können noch ein knuspriges Baguette oder Zitronenkartoffeln (siehe S. 94 Gourmethackbraten mit Zitronenkartoffeln) dazugereicht werden.

Fischgratin mit Shrimps und Pfifferlingen

Zutaten für 4 Personen
Zubereitungszeit: ca. 60 Minuten

Für das Fischgratin

300 g Shrimps (TK, entdarmt und ohne
    Schalen)
Salz
frisch gepresster Zitronensaft
500 g festkochende Kartoffeln
½ Zwiebel
1 Knoblauchzehe
2 EL Butter
½ EL Mehl
200 ml Gemüsebrühe
200 ml flüssige Sahne
Salz
frisch gemahlener schwarzer Pfeffer
200 g frisch geriebener Gouda
500 g Pfifferlinge (oder andere Pilze)
4 Lachsfilets (à 160 g, ohne Haut und
    Gräten)
1 Kugel Mozzarella (ca. 125 g)

Zum Anrichten

Gemischter Salat

Fischgratin

Die Shrimps auftauen, waschen und gut abtropfen lassen. Vor dem Weiterverwenden mit Salz und Zitronensaft würzen.
Die ungeschälten Kartoffeln in reichlich kochendem Salzwasser weich kochen. Anschließend abgießen, abdampfen lassen und schälen. Die abgekühlten Kartoffeln in Scheiben schneiden.
Die Zwiebel und die Knoblauchzehe in feine Würfel schneiden. Einen Esslöffel Butter bei mittlerer Temperatur in einem Topf erhitzen und die Zwiebel- und Knoblauchwürfel darin anschwitzen. Das Mehl darüberstäuben und gut verrühren. Unter stetigem Rühren mit der Gemüsebrühe ablöschen und mit der Sahne aufgießen. Die Sauce mit Salz und Pfeffer würzen und ca. 5 Minuten leicht köcheln lassen. Den geriebenen Käse unterrühren und schmelzen lassen. Anschließend die Sauce nochmals abschmecken.
Die Pilze trocken säubern und gegebenenfalls etwas zerkleinern. Die Fischfilets waschen, trocken tupfen und mit Salz und Zitronensaft würzen. Eine ofenfeste Form mit der restlichen Butter (1 EL) ausstreichen und die Kartoffelscheiben hineinlegen. Dann die Fischfilets, die Garnelen und die Pilze daraufschichten. Die Käsesauce daraufgießen. Den Mozzarella etwas zerpflücken und darüber verteilen. Das Fischgratin für 30 Minuten in den auf 180 °C vorgeheizten Backofen (Ober-/Unterhitze) schieben.

Anrichten

Das Fischgratin auf die vorgewärmten Teller verteilen und den Salat dazu servieren.

Gegrillte Scampi-Spieße mit Honig-Pfeffer-Mayonnaise

Zutaten für 4 Personen
Zubereitungszeit: ca. 30 Minuten

Für die Honig-Pfeffer-Mayonnaise
1 Eigelb
½ EL weißer Balsamico (Condimento
    bianco)
1 Knoblauchzehe
1 Tasse Pflanzen- oder Olivenöl
    (ca. 150 ml)
Salz
Kristallzucker
1 EL flüssiger Honig
grob geschroteter schwarzer Pfeffer

Für die Scampi
ca. 800 g Scampi mit Schale und ohne
    Kopf (TK oder frisch)
Salz
4 lange oder 8 kurze Holzspieße
1 Chilischote
1 Bio-Zitrone

Honig-Pfeffer-Mayonnaise
Das Eigelb, den Essig und die geviertelte Knoblauchzehe in einen hohen Rührbecher füllen und mit einem Stabmixer pürieren. Unter stetigem Weitermixen das Olivenöl in einem feinen Strahl einlaufen lassen. Die Mayonnaise mit Salz und Zucker würzen und abschließend den Honig und den geschroteten Pfeffer unterrühren. Abschließend nochmals abschmecken. Sollte die Mayonnaise zu dickflüssig sein, noch einige Tropfen Wasser unterrühren.

Scampi
Die Scampi leicht salzen und auf die Spieße stecken. Die Spieße ohne Fettzugabe in einer Grillpfanne grillen. Die Chilischote entkernen, sehr fein würfeln und zu den Scampi geben. Die Schale der Zitrone abreiben und den Saft auspressen. Die Scampi zum Schluss mit dem Zitronenabrieb und -saft würzen.

Anrichten
Die Scampi-Spieße auf die vorgewärmten Teller verteilen. Die Honig-Pfeffer-Mayonnaise in einem separaten Schälchen zum Dippen reichen. Dazu passen sehr gut ein gemischter Blattsalat und etwas Ciabatta.

TIPP
Die Scampi-Spieße können natür-
lich auch ganz kurz auf den heißen
Grillrost gelegt werden.

Garnelen-Curry mit roten Linsen

Zutaten für 4 Personen
Zubereitungszeit: ca. 30 Minuten

Für das Garnelen-Curry
1 Zwiebel
2 EL Butter
400 ml Kokosmilch
2 Stängel Zitronengras
1 rote Chilischote
1 EL frisch geriebener Ingwer
Saft und Abrieb 1 Bio-Limette
1 TL mildes Currypulver
Salz
frisch gemahlener schwarzer Pfeffer
1 Handvoll rote Linsen (ca. 100 g)
500 g Garnelen (entdarmt und ohne
    Schale, TK)

Zum Anrichten
3 EL Kokosraspel
fertig gegarter Reis

Garnelen-Curry
Die Zwiebel schälen und fein würfeln. Die Butter bei mittlerer Temperatur in einem Topf erhitzen und die Zwiebelwürfel darin anbraten. Dann mit der Kokosmilch aufgießen. Das Zitronengras klopfen (siehe Tipp S. 45 Zitronengrassüppchen mit gerösteten Kokosflocken) und in die Sauce geben. Die Chilischote entkernen, in feine Würfel schneiden und mit dem Ingwer in die Kokosmilch geben. Die Sauce mit der Limette, dem Currypulver, Salz und Pfeffer würzen. Die Linsen in die Kokosmilch geben und alles zusammen ca. 15 Minuten köcheln lassen. Wenn die Linsen fast weich sind, die Garnelen zugeben und weitere 5 Minuten köcheln lassen. Das Curry anschließend nochmals abschmecken.

Anrichten
Die Kokosraspel in einer beschichteten Pfanne ohne Fettzugabe goldgelb rösten. Den Reis in Tassen abfüllen und auf die vorge-wärmten Teller stürzen. Daneben das Garnelen-Curry anrichten und mit den gerösteten Kokosraspeln bestreuen.

Asia Knuspergarnelen süß-sauer

Zutaten für 4 Personen
Zubereitungszeit: ca. 45 Minuten

Für die süß-saure Sauce

1 Schalotte
2 Knoblauchzehen
1 kleiner Zucchino
1 rote Paprikaschote
2 EL Butter
200 ml passierte Tomaten
150 frische Ananas, ohne Strunk und
   Schale
150 g Bambussprossen (Konserve)
1 rote Chilischote
1 EL frisch geriebener Ingwer
Salz
frisch gemahlener schwarzer Pfeffer

Für die Knuspergarnelen

500 g Garnelen (TK, entdarmt und ohne
   Schalen)
40 g Mehl
120 g Stärkemehl
1 kleines Ei
Salz
200 ml neutrales Pflanzenöl
5 EL Kokosraspel
5 EL schwarze Sesamsaat
frisch gemahlener schwarzer Pfeffer

Zum Anrichten

gemischter Salat

Süß-saure Sauce

Die Schalotte, die Knoblauchzehen und den Zucchino fein würfeln. Die Paprikaschote entkernen und in feine Würfel schneiden. Die Butter bei mittlerer Temperatur in einem Topf erhitzen und die Zwiebel- und Knoblauchwürfel darin anschwitzen. Die Zucchini- und Paprikawürfel dazugeben und ebenfalls anbraten. Mit den Tomaten aufgießen. Die Ananas in kleine Würfel schneiden und zusammen mit den abgetropften Bambussprossen in die Sauce rühren. Die Chilischote entkernen und in feine Ringe schneiden. Die Chiliringe mit dem Ingwer, etwas Salz und Pfeffer unterrühren. Die Sauce 10 Minuten leicht köcheln lassen und vor dem Servieren nochmals abschmecken.

Knuspergarnelen

Die Garnelen auftauen, waschen und gut abtropfen lassen. Aus dem Mehl, dem Stärkemehl, dem Ei, einer Prise Salz und ca. 80 ml Wasser einen nicht zu dickflüssigen Teig herstellen. Das Öl in einem Topf auf ca. 180 °C erhitzen. (Machen Sie mit dem Stiel eines Holzkochlöffels vorsichtig eine Temperaturprobe. Sobald sich am Stiel Blasen bilden, passt die Temperatur.) Die Kokosraspel und die Sesamsaat in einer flachen Schale vermischen. Die Garnelen leicht mit Salz und Pfeffer würzen, durch den Tempurateig ziehen und etwas abtropfen lassen. Anschließend im Kokos-Sesam-Gemisch wenden und portionsweise im heißen Fett ausbacken. Die fertigen Knuspergarnelen auf Küchenpapier abtropfen lassen und warm stellen.

Anrichten

Die Knuspergarnelen auf 4 Schalen verteilen. Die süß-saure Sauce in separaten Schalen zum Dippen danebenstellen. Den Salat dazureichen.

Gebackenes Fischfilet mit Paprika-Speck-Fondue

Zutaten für 4 Personen
Zubereitungszeit: ca. 45 Minuten

Für die gebackenen Fischfilets
4 Seelachsfilets (à ca. 160 g, ohne
   Gräten)
frisch gepresster Zitronensaft
2 Eier
3 EL Mehl
Salz
frisch gemahlener schwarzer Pfeffer
200 ml neutrales Pflanzenöl

Für das Paprika-Speck-Fondue
150 g durchwachsener Bauchspeck
4 rote Paprikaschoten
1 Zwiebel
2 Knoblauchzehen
1 Vanilleschote
5 EL Sweet-Chili-Sauce
Salz
frisch gemahlener schwarzer Pfeffer

Zum Anrichten
Zitronenspalten
evtl. Bratkartoffeln

Gebackene Fischfilets
Die Fischfilets waschen, gut trocken tupfen und mit etwas Zitronensaft beträufeln. Die Eier trennen und das Eiweiß steif schlagen. Die Eigelb mit 2 EL Mehl verrühren und anschließend das Eiweiß unterheben. Das Öl in einem Topf erhitzen. (Machen Sie mit dem Stiel eines Holzkochlöffels vorsichtig eine Temperaturprobe. Sobald sich am Stiel Blasen bilden, passt die Temperatur.) Die Fischfilets leicht mit Salz und Pfeffer würzen, mit dem restlichen Mehl bestäuben, durch den Teig ziehen und etwas abtropfen lassen. Die Fischfilets im heißen Fett goldgelb ausbacken und anschließend auf Küchenpapier etwas abtropfen lassen.

Paprika-Speck-Fondue
Den Speck in feine Würfel schneiden. Die Paprika, die Zwiebel und den Knoblauch in feine Würfel schneiden. Den Speck in einem Topf auslassen und die Zwiebel- und Knoblauchwürfel darin anschwitzen. Die Paprikawürfel dazugeben und mit anbraten. Die Vanilleschote mit einem spitzen Messer der Länge nach aufschlitzen und mit dem Messerrücken das Mark auskratzen. Mark und Schote zum Paprika geben. Das Paprikagemüse mit Salz, Pfeffer sowie der Chili-Sauce würzen und noch ca. 5 Minuten leicht köcheln lassen. Vor dem Servieren die Vanilleschote entfernen und nochmals abschmecken.

Anrichten
Das Paprikagemüse auf die vorgewärmten Teller verteilen und je ein gebackenes Fischfilet darauf anrichten. Die Zitronenspalten auf die Filets legen. Gegebenenfalls die Bratkartoffeln danebenlegen.

Knusprige Lachsforelle mit Muscheln und Curry-Kartoffeln

Zutaten für 4 Personen
Zubereitungszeit: ca. 1 ½ Stunden

Für die Muscheln

1,5 kg Miesmuscheln
2 Knoblauchzehen
100 g Karotten
100 g Knollensellerie
2 EL Olivenöl
200 ml trockener Weißwein
200 ml flüssige Sahne
2 Lorbeerblätter
½ TL mildes Currypulver
1 Msp. Chilipulver
Saft von 1 Zitrone
Meersalz
frisch gemahlener schwarzer Pfeffer
Kristallzucker

Für die Curry-Kartoffeln

600 g kleine festkochende Kartoffeln
2 EL Butter
1 TL rotes Currypulver
Salz
frisch gemahlener schwarzer Pfeffer

Für die knusprige Lachsforelle

4 Lachsforellenfilets (à ca. 170 g, mit
    Haut und ohne Gräten)
Salz
frisch gemahlener schwarzer Pfeffer
frisch gepresster Zitronensaft
2 EL Mehl
1 EL neutrales Pflanzenöl
1 EL Butter

Muscheln

Die Muscheln mehrmals gut wässern, damit sie eventuell vorhandenen Sand abgeben. Alle Muscheln, die beschädigt oder bereits geöffnet sind, aussortieren und vorhandene Barthaare abschneiden. Den Knoblauch schälen und fein hacken. Die Karotte und den Sellerie schälen und fein würfeln. Das Olivenöl in einem großen Topf erhitzen und das Gemüse und den Knoblauch darin anschwitzen. Die Muscheln zufügen, alles mehrmals gut durchrühren und mit dem Wein ablöschen. Einen Deckel auf den Topf legen und die Muscheln 3 Minuten garen. Anschließend alle Muscheln aussortieren, die sich nicht geöffnet haben. Dann die Sahne aufgießen und die Lorbeerblätter, das Curry- sowie das Chilipulver zufügen. Die Muscheln noch weitere 10 Minuten köcheln lassen. Anschließend die Muscheln aus dem Kochsud nehmen, gut abtropfen lassen und das Fleisch aus den offenen Muschelschalen lösen und beiseitestellen. Die Sauce mit Zitronensaft, Salz, Pfeffer und Zucker abschmecken und etwas einkochen lassen. Abschließend die Sauce mit einem Stabmixer etwas aufmixen und die Muscheln wieder in die Sauce geben.

Curry-Kartoffeln

Die Kartoffeln mit Schale in reichlich kochendem Salzwasser weich kochen, abgießen und etwas abdampfen lassen. Die Kartoffeln anschließend schälen. Die Butter bei mittlerer Temperatur in einer Pfanne erhitzen und die Kartoffeln darin im Ganzen anbraten. Die Kartoffeln würzen und gut in der Pfanne hin- und herschwenken, damit sich das Currypulver gut um die Kartoffeln verteilt.

Knusprige Lachsforelle

Die Fischfilets waschen und trocken tupfen. Anschließend würzen und auf der Hautseite leicht mehlieren. Das Öl in einer Pfanne erhitzen und die Lachforellenfilets mit der Hautseite nach unten kräftig anbraten, bis sie knusprig sind. Dann die Temperatur reduzieren und die Butter zugeben. Die Filets auf die Fleischseite wenden und gar ziehen lassen.

Anrichten

Die Muscheln auf die vorgewärmten Teller verteilen und daneben ein paar Kartoffeln anrichten. Je ein Forellenfilet mit der knusprigen Hautseite nach oben auf den Muscheln anrichten.

FLEISCH

Gegrillte Hähnchenbrust mit Thaigemüse

Zutaten für 4 Personen
Zubereitungszeit: ca. 30 Minuten

Für die Hähnchenbrust
2 EL Olivenöl
¼ TL edelsüßes Paprikapulver
2 Msp. Cayenne-Pfeffer
Salz
frisch gemahlener schwarzer Pfeffer
4 Hähnchenbrustfilets (à 180 g)

Für das Thaigemüse
200 g Pak Choi
200 g Weißkohl
200 g grüner Spargel
1 EL frisch geriebener Ingwer
2 Knoblauchzehen
2 kleine rote Chilischoten
½ Bund Koriander
2 EL Olivenöl
1 EL weiße Sesamsaat
1 EL Mango-Chutney (Glas)
Salz
frisch gemahlener schwarzer Pfeffer

Hähnchenbrust

Das Olivenöl in einer kleinen Schale mit den Gewürzen vermischen. Die Hähnchenbrustfilets damit bestreichen und 10 Minuten marinieren. Das Fleisch anschließend auf einem heißen Grillrost ca. 3–4 Minuten auf jeder Seite anbraten. Dann an den Rand ziehen und noch ca. 5 Minuten garen lassen.

Thaigemüse

Den Pak Choi und den Weißkohl in Streifen schneiden. Den Spargel im unteren Drittel schälen und schräg in ca. 3 cm lange Stücke schneiden. Den Knoblauch fein hacken, die entkernten Chilischoten in feine Ringe schneiden. Die Korianderblättchen hacken. Das Öl bei mittlerer Temperatur in einer Pfanne erhitzen und die Sesamsaat kurz anrösten. Das Gemüse, den Knoblauch und die Chilischoten zufügen und anbraten. Das Gemüse ca. 5 Minuten bissfest köcheln lassen. Mit dem Mango-Chutney, Salz, Pfeffer und dem Koriander würzen.

Anrichten

Das Thaigemüse auf den vorgewärmten Tellern verteilen und die Hähnchenbrustfilets darauf anrichten.

Poulardengeschnetzeltes mit Morchel-Pfifferling-Sauce und knusprigen Rösti

Zutaten für 4 Personen
Zubereitungszeit: ca. 45 Minuten

Für das Poulardengeschnetzelte
600 g Poulardenbrustfilet
1 Schalotte
2 EL Butter
1 Handvoll Morcheln (ca. 150 g)
1 Handvoll Pfifferlinge (ca. 150 g)
50 ml trockener Weißwein
200 ml flüssige Sahne
Salz
frisch gemahlener schwarzer Pfeffer
½ Bio-Zitrone

Für die Kartoffelrösti
600 g vorwiegend festkochende
    Kartoffeln
Salz
frisch gemahlener schwarzer Pfeffer
2 Zweige Rosmarin
4 EL Butterschmalz

Poulardengeschnetzeltes
Das Poulardenfleisch waschen, trocken tupfen und in Streifen schneiden. Die Schalotte würfeln. Die Butter bei mittlerer Temperatur in einer Pfanne erhitzen und die Fleischstreifen gut anbraten. Die Schalottenwürfel zugeben und nochmals gut anbraten. Die Pilze trocken putzen, gegebenenfalls halbieren und ebenfalls in der Pfanne anbraten. Mit dem Weißwein ablöschen und mit der Sahne aufgießen. Mit Salz, Pfeffer, einem Spritzer Zitronensaft und etwas Zitronenabrieb würzen. Anschließend die Sauce noch etwas einköcheln lassen. Vor dem Servieren nochmals abschmecken.

Kartoffelrösti
Die Kartoffeln schälen und raspeln. Die Raspel sofort mit Hilfe eines Leinentuchs auspressen und mit Salz und Pfeffer würzen. Den Rosmarin waschen, abzupfen, fein hacken und unter die Kartoffeln mischen. Etwas Butterschmalz in einer Pfanne erhitzen und kleine, runde Rösti portionsweise knusprig, goldgelb ausbacken. Die Rösti anschließend auf Küchenpapier etwas abtropfen lassen.

Anrichten
Das Poulardengeschnetzelte auf vorgewärmte Teller schöpfen und die Rösti seitlich anlegen.

Ganzes Grillhähnchen mit Schmorgemüse

Zutaten für 4 Personen
Zubereitungszeit: ca. 2 Stunden

Für das Grillhähnchen

3 Knoblauchzehen
1 Zweig Rosmarin
1 Zweig Thymian
Saft und Abrieb von 1 Bio-Zitrone
1 TI Salz
frisch gemahlener schwarzer Pfeffer
½ TL mildes Currypulver
etwas Cayenne-Pfeffer
7 EL Olivenöl
1 ganzes Hähnchen (ca. 1,2 kg,
   küchenfertig)
300 g Karotten
200 g Knollensellerie
600 g vorwiegend festkochende
   Kartoffeln
1 Zwiebel
400 ml trockener Weißwein

Grillhähnchen

Den Knoblauch durch eine Knoblauchpresse in eine kleine Rührschüssel drücken. Den Rosmarin und den Thymian abzupfen, fein hacken und ebenfalls in die Schüssel geben. Den Zitronensaft und -abrieb, das Salz, den Pfeffer, das Currypulver, den Cayenne-Pfeffer und 5 EL Öl zufügen und alles gut verrühren. Das Hähnchen innen und außen waschen und gut trocknen. Anschließend innen und außen gut mit der Marinade einpinseln. Das Hähnchen mit der Brustseite nach oben auf ein Backblech legen. Die Karotten, den Sellerie und die Kartoffeln schälen und in fingerdicke Stäbe schneiden. Die Zwiebel in Streifen schneiden und zusammen mit dem Gemüse auf dem Backblech verteilen. Das Gemüse mit Salz und Pfeffer würzen und das restliche Öl (2 EL) darüberträufeln. Anschließend den Wein angießen und das Backblech für 1 ½ Stunden in den auf 180 °C vorgeheizten Backofen (Heißluftgrill) schieben.

Anrichten

Das Grillhähnchen mit einer Geflügelschere vierteln. Das Schmorgemüse mit dem ausgetretenen Saft auf die vorgewärmten Teller verteilen und jeweils ein Hähnchenviertel darauf anrichten.

Hähnchennuggets in der Knusperhülle

Zutaten für 4 Personen
Zubereitungszeit: ca. 80 Minuten

Für die scharfe Sauce
5 eingelegte grüne Peperoni
3 Knoblauchzehen
8 Sardellenfilets
1 EL Kapern
6 EL Olivenöl
300 g passierte Tomaten
300 ml Gemüsebrühe
frisch gemahlener schwarzer Pfeffer
Salz

Für die Hähnchennuggets
3 Bio-Hähnchenbrustfilets (à 150 g)
1 rote Paprikaschote
1 rote Chilischote
2 Frühlingszwiebeln
2 EL Blauschimmelkäse (z.B. Gorgonzola)
1 EL geriebene Mandelkerne
1 Eiweiß
Salz
frisch gemahlener schwarzer Pfeffer
2 EL Mehl Type 405
1 Ei
4 EL Panko (Weißbrotmehl, im Asia-Laden erhältlich; alternativ Semmelbrösel)
3 EL Butter

Scharfe Sauce
Die Peperoni entkernen und zusammen mit dem Knoblauch, den Kapern und den Sardellen fein hacken. Das Öl bei mittlerer Temperatur in einem Topf erhitzen und die Mischung darin langsam anbraten. Die Tomaten und die Brühe aufgießen und mit Salz und Pfeffer würzen. Die Sauce ca. 60 Minuten unter gelegentlichem Umrühren leicht köcheln lassen. Die Sauce sollte eine dickflüssige Konsistenz annehmen.

Hähnchennuggets
Die Hähnchenbrustfilets waschen, trocken tupfen und in ca. ½ cm große Würfel schneiden. Die Paprikaschote und die Chilischote entkernen. Von den Frühlingszwiebeln das dunklere Grün entfernen. Die Paprika, die Chilischote und die Frühlingszwiebeln fein würfeln. Das Fleisch, die Gemüsewürfel, den zerpflückten Käse, die Mandeln und das Eiweiß in eine Schüssel geben und verkneten. Den Fleischteig mit Salz und Pfeffer würzig abschmecken. Anschließend aus dem Fleischteig ca. 5–6 cm lange, etwa daumendicke Rollen formen. Das Mehl in eine flache Schale füllen, das Ei in einer flachen Schale gut aufschlagen und daneben das Panko in eine separate flache Schale füllen. Die Röllchen erst in Mehl wenden, leicht abklopfen und dann durch das Ei ziehen. Überschüssiges Ei abtropfen lassen und die Röllchen im Panko wenden. 2 EL Butter bei mittlerer Temperatur in einer Pfanne erhitzen und die Hähnchennuggets portionsweise knusprig goldgelb ausbacken. Gegebenenfalls noch etwas Butter zugeben. Dann die Nuggets auf Küchenpapier etwas abtropfen lassen.

Anrichten
Die Nuggets auf die vorgewärmten Teller verteilen und die scharfe Sauce in einem separaten Schälchen zum Dippen danebenstellen. Dazu passt hervorragend ein frischer, gemischter Salat.

TIPP
Die Nuggets können auch frittiert werden. Dazu reichlich neutrales Pflanzenöl in einem Topf auf ca. 180 °C erhitzen. (Machen Sie mit dem Stiel eines Holzkochlöffels vorsichtig eine Temperaturprobe. Sobald sich am Stiel Blasen bilden, passt die Temperatur.) Die Hähnchennuggets portionsweise knusprig goldgelb ausbacken und dann auf Küchenpapier etwas abtropfen lassen.

Hähnchengulasch mit Speck und Champignons

Zutaten für 4 Personen
Zubereitungszeit: ca. 45 Minuten

Für das Hähnchengulasch

600 g Hähnchenbrustfilet
1 Zwiebel
200 g durchwachsener Bauchspeck
2 Handvoll Champignons (ca. 200 g)
1 EL Butter
1 EL Tomatenmark
100 ml trockener Weißwein
20 ml Vermouth
200 ml flüssige Sahne
1 EL scharfer Senf
Salz
frisch gemahlener schwarzer Pfeffer
1 Zweig Thymian

Hähnchengulasch

Das Hähnchenbrustfilet waschen, trocken tupfen und in mundgerechte Stücke schneiden. Die Zwiebel und den Speck würfeln. Die Champignons trocken säubern und gegebenenfalls halbieren. Die Butter in einer Pfanne bei mittlerer Temperatur erhitzen und die Speckwürfel darin auslassen. Dann die Zwiebelwürfel zugeben und anschwitzen. Anschließend die Fleischwürfel gut anbraten. Zum Schluss die Pilze dazugeben und nochmals alles gut anbraten. Den Inhalt der Pfanne in eine vorgewärmte, ofenfeste Schüssel umfüllen und diese in den auf 80 °C vorgeheizten Backofen (Ober-/Unterhitze) stellen. Die Pfanne wieder auf den Herd stellen, das Tomatenmark zum Bratensatz geben und kurz anschwitzen. Mit dem Weißwein und dem Vermouth ablöschen und etwas reduzieren. Die Sahne aufgießen und mit Senf, Salz, Pfeffer und den gehackten Thymianblättchen würzen. Die Sauce nochmals aufkochen. Das Fleisch wieder in die Sauce geben und das Hähnchengulasch nochmals gut abschmecken.

Anrichten

Das Hähnchengulasch auf die vorgewärmten Teller verteilen.

TIPP

Sehr gut passen zu diesem Gericht noch entweder Reis und ein gemischter Salat oder etwas frisches Baguette und Salat.

Kalbsleber mit geschmortem Apfel in Honig-Essig-Sauce

Zutaten für 4 Personen
Zubereitungszeit: ca. 1 Stunde

Für die Bratkartoffeln

700 g festkochende Kartoffeln
1 Zwiebel
2 EL Butter
Salz
frisch gemahlener schwarzer Pfeffer
½ Bund Schnittlauch

Für die Kalbsleber

600 g Kalbsleber
Salz
frisch gemahlener schwarzer Pfeffer
2 EL Mehl
3 EL Butter
1 kleiner Apfel (z.B. Boskoop)
1 kleine Zwiebel
1 Knoblauchzehe
10 EL Madeira
3 EL Aceto balsamico
1 EL flüssiger Honig
100 ml Kalbsfond

Bratkartoffeln

Die Kartoffeln mit Schale in reichlich Salzwasser weich kochen. Anschließend abgießen und etwas abdampfen lassen. Die Kartoffeln schälen und in Scheiben (ca. 3 mm) schneiden. Jeweils 1 EL Butter bei mittlerer Temperatur in 2 Pfannen erhitzen und die Kartoffelscheiben flach nebeneinander in die Pfannen legen. Die Bratkartoffeln auf beiden Seiten goldgelb und knusprig anbraten. Die Zwiebel in feine Würfel schneiden und mit den Kartoffeln braten. Die Bratkartoffeln mit Salz und Pfeffer würzen. Den Schnittlauch in feine Röllchen schneiden. Vor dem Servieren die Schnittlauchröllchen unter die Bratkartoffeln mischen.

Kalbsleber

Die Kalbsleber in 8 gleichmäßige Scheiben schneiden. Die Leberscheiben mit Salz und Pfeffer würzen und in Mehl wenden. Überschüssiges Mehl abklopfen. 2 EL Butter in einer Pfanne bei mittlerer Temperatur erhitzen und die Leberscheiben darin auf jeder Seite ca. 3 Minuten sanft braten. Die Kalbsleber im auf 80 °C vorgeheizten Backofen (Ober-/Unterhitze) warm stellen. Den Apfel und die Zwiebel sehr fein würfeln. Die Knoblauchzehen sehr fein hacken. Den Apfel, die Zwiebel und den Knoblauch im Bratfett anschwitzen und mit dem Madeira und dem Essig ablöschen. Anschließend den Honig zugeben und mit dem Fond aufgießen. Die Sauce gut einkochen lassen. Vor dem Servieren einen Esslöffel eiskalte Butter in die Sauce montieren.

Anrichten

Je 2 Kalbsleberscheiben auf die vorgewärmten Teller legen und mit der Honig-Essig-Sauce übergießen. Die Bratkartoffeln daneben anrichten.

Kalbfleischpflanzerl mit lauwarmem Kartoffel-Rucola-Salat

Zutaten für 4 Personen
Zubereitungszeit: ca. 1 Stunde

Für die Kalbfleischpflanzerl

2 Brötchen vom Vortag
125 ml flüssige Sahne
Salz
frisch gemahlener schwarzer Pfeffer
100 g durchwachsener Bauchspeck
150 g Zwiebel
4 Knoblauchzehen
¼ Bund glatte Petersilie
500 g Hackfleisch vom Kalb
100 g Kalbsbrät
2 Eier
1 EL scharfer Senf
5 Spritzer Tabasco
3 EL Butter

Für den lauwarmen Kartoffel-Rucola-Salat

800 g festkochende Kartoffeln
1 kleine Zwiebel
200 ml Geflügelbrühe
1 TL scharfer Senf
7 EL weißer Balsamico (Condimento bianco)
Salz
frisch gemahlener schwarzer Pfeffer
1 Prise Kristallzucker
3 EL Rapsöl
1 Bund Rucola

Kalbfleischpflanzerl

Die Semmeln in Würfel schneiden und in eine Schüssel füllen. Die Sahne erhitzen, mit Salz und Pfeffer würzen und über die Semmelwürfel gießen. Die Semmeln abgedeckt etwas einweichen lassen. Den Bauchspeck würfeln. Die Zwiebel und den Knoblauch würfeln. Die Petersilienblättchen fein hacken. Die Speckwürfel in einer Pfanne bei mittlerer Temperatur anbraten und dann die Zwiebel- und Knoblauchwürfel zugeben. Alles noch einmal kräftig durchschwenken, vom Herd nehmen und die Petersilie zufügen. Das Hackfleisch, das Brät, die Zwiebelmischung, die ausgedrückten Semmelwürfel, die Eier, den Senf und den Tabasco in eine Schüssel geben und gut vermischen. Den Fleischteig nochmals abschmecken und kleine Pflanzerl (Buletten) daraus formen. 2 EL Butter bei mittlerer Temperatur in einer Pfanne erhitzen und die Pflanzerl darin portionsweise von allen Seiten goldbraun ausbacken. Nach und nach weitere Butter in die Pfanne geben. Die Pflanzerl auf Küchenpapier etwas abtropfen lassen.

Lauwarmer Kartoffel-Rucola-Salat

Die Kartoffeln in der Schale in reichlich Salzwasser weich kochen. Dann abgießen, etwas abdampfen lassen und schälen. Die Kartoffeln in Scheiben schneiden und in eine Schüssel füllen. Die Zwiebel fein würfeln. Die Brühe erhitzen und die Zwiebel-würfel, den Senf, den Essig, Salz, Pfeffer sowie den Zucker darin aufkochen. Die heiße Marinade über die Kartoffeln gießen und gut durchmischen. Den Kartoffelsalat 5 Minuten durchziehen lassen. Das Öl zufügen, durchmischen und gut abschmecken. Den Rucola putzen, waschen und gut trocknen. Vor dem Servieren den Rucola locker unter den Kartoffelsalat mischen.

Anrichten

Den Kartoffel-Rucola-Salat mittig auf den Tellern anrichten und die Kalbfleischpflanzerl daran anlegen.

Gratiniertes Schnitzel »Milano« mit Gemüse

Zutaten für 4 Personen
Zubereitungszeit: ca. 45 Minuten

Für das gratinierte Schnitzel »Milano«

8 Kalbsrückenschnitzel (à 60 g)
Salz
frisch gemahlener schwarzer Pfeffer
3 EL Mehl
2 Eier
4 EL Panko (Weißbrotmehl, im
　　Asia-Laden erhältlich; alternativ
　　Semmelbrösel)
6 EL frisch geriebener Parmesan
2 EL Olivenöl
1 Chilischote
5 schwarze Oliven, ohne Stein
2 getrocknete Tomaten
1 EL Pinienkerne
2 Sardellenfilets
½ Bund glatte Petersilie
Abrieb einer ½ Bio-Zitrone
1 Kugel Mozzarella (ca. 125 g)

Für den Radicchio

2 Radicchio Rosso di Treviso precore
1 EL Butter oder Olivenöl
1 TL Kristallzucker
Salz
frisch gemahlener schwarzer Pfeffer

Gratiniertes Schnitzel »Milano«

Die Schnitzel waschen und gut trocken tupfen. Das Fleisch von beiden Seiten mit Salz und Pfeffer würzen. Das Mehl auf einen Teller geben. Die Eier in einer flachen Schale gut aufschlagen. Das Panko auf einem Teller mit 4 EL Parmesan vermischen. Die Schnitzel erst im Mehl wenden, etwas abklopfen, dann durch die verquirlten Eier ziehen, gut abtropfen lassen und abschließend im Panko-Parmesan-Gemisch panieren. Das Öl in einer Pfanne erhitzen und die Schnitzel portionsweise darin goldgelb braten. Die fertigen Schnitzel auf Küchenpapier etwas abtropfen lassen. Die Chilischote entkernen und zusammen mit den Oliven, den Tomaten, den Pinienkernen, den Sardellenfilets und den abgezupften Petersilienblättern fein hacken und gut vermischen. Den Zitronenabrieb und den restlichen Parmesan (2 EL) unterrühren und mit Salz und Pfeffer abschmecken. Den Mozzarella etwas zerpflücken. Die Schnitzel nebeneinander auf ein mit Backpapier ausgekleidetes Backblech legen und die Gratiniermasse und den Mozzarella auf den Schnitzeln verteilen. Das Backblech für 10 Minuten in den auf 180 °C vorgeheizten Backofen (Oberhitze) schieben.

Radicchio

Den Radicchio putzen und vierteln. Den Strunk entfernen. Die Butter (oder das Öl) in einer beschichteten Pfanne bei mittlerer Temperatur erhitzen und den Radicchio kurz von allen Seiten darin anbraten. Den Radicchio mit Zucker, Salz und Pfeffer gut abschmecken. Die Salatviertel aus der Pfanne heben und auf Küchenkrepp kurz abtropfen lassen.

Anrichten

Die gratinierten Schnitzel auf den Tellern anrichten und je eine gegrillte Salathälfte danebenlegen.

Mein Schaschlik mit Barbecue-Kartoffel-Wedges

Zutaten für 4 Personen
Zubereitungszeit: ca. 2 Stunden

Für das Schaschlik

600 g Schweinefleisch (z. B. Schulter)
2 Scheiben durchwachsener
    Bauchspeck (à ca. 100 g)
3 mittelgroße Zwiebeln
2 rote Paprikaschoten
1 rote Chilischote
2 EL Butter
1 Knoblauchzehe
500 ml Tomaten (Dose)
4 EL Soja-Sauce
1 TL flüssiger Honig
1 TL frisch geriebener Ingwer
edelsüßes Paprikapulver
Pimentón de la Vera
Salz
frisch gemahlener schwarzer Pfeffer
Kristallzucker
2 EL neutrales Pflanzenöl

Für die Barbecue-Kartoffel-Wedges

800 g Frühkartoffeln
Salz
frisch gemahlener schwarzer Pfeffer
edelsüßes Paprikapulver
Pimentón de la Vera
Olivenöl

Schaschlik

Das Fleisch in mundgerechte Stücke schneiden. Die Speckscheiben in ca. 2 cm breite Streifen schneiden. 2 Zwiebeln in ca. 2 mm dicke Scheiben schneiden. Die Paprikaschote entkernen und in ca. 2 cm breite Rechtecke schneiden. Das Fleisch, die Speck- und Paprikastreifen und die Zwiebelringe abwechselnd auf vorbereitete Schaschlikspieße stecken. (Zwiebel- und Paprikareste können fein gewürfelt für die Sauce weiterverwendet werden).
Die restliche Zwiebel in feine Würfel schneiden. Die Chilischote entkernen und fein würfeln. Die Butter bei mittlerer Temperatur in einem Topf erhitzen und die Zwiebelwürfel darin anschwitzen. Den Knoblauch durch eine Knoblauchpresse in den Topf drücken und zusammen mit den Chiliwürfeln anschwitzen. Mit den Tomaten aufgießen und die Gewürze zugeben. Alles zusammen aufkochen und 5 Minuten köcheln lassen. Nochmals gut abschmecken.
Das Öl in einer Pfanne erhitzen und die Schaschlikspieße darin von allen Seiten gut anbraten. Anschließend die Spieße in einen Bräter passender Größe umfüllen und mit der Schaschliksauce übergießen. Den Bräter abgedeckt in den auf 180 °C vorgeheizten Backofen (Ober-/Unterhitze) schieben. Nach ca. 40 Minuten den Deckel abnehmen und noch ca. 25 Minuten (Umluft) offen fertig garen lassen.

Barbecue-Kartoffel-Wedges

Die ungeschälten Kartoffeln in Salzwasser nicht ganz weich kochen. Die Kartoffeln abgießen und gut abdampfen lassen. Anschließend die Kartoffeln in Spalten schneiden und in eine Schüssel geben. Die Gewürze und das Olivenöl in einer kleinen Schale gut miteinander vermischen und über die Kartoffeln gießen. Einen Deckel auf die Schüssel legen und die Kartoffeln gut durchmischen, damit sie von allen Seiten mit der Gewürzmarinade umgeben sind. Die Wedges auf ein mit Backpapier ausgekleidetes Backblech legen und für ca. 25 Minuten zum Schaschlik in den Backofen (Umluft) schieben.

Anrichten

Die Schaschlik-Spieße auf die vorgewärmten Teller verteilen und mit etwas Sauce übergießen. Die Kartoffel-Wedges daneben anrichten.

Tipp
Dazu passt noch hervorragend ein grüner oder ein gemischter Salat. Wenn es schnell gehen muss, können die Kartoffel-Wedges auch durch ein knuspriges Baguette ersetzt werden.

Gefüllter Schweinebraten mit Kruste

Zutaten für 4 Personen
Zubereitungszeit: ca. 2 Stunden

Für den gefüllten Schweinebraten

½ Apfel (z. B. Boskoop)
2 mittelgroße Zwiebeln
2 Knoblauchzehen
4 EL Olivenöl
1 EL mittelscharfer Senf
2 EL frisch geriebener Parmesan
2 EL Semmelbrösel
800 g Schweinekeule (mit Schwarte,
     ohne Knochen)
Salz
1 kleiner Zweig Rosmarin
1 kleiner Zweig Majoran
Salz
frisch gemahlener weißer Pfeffer
10 Nelken
100 g Karotten
100 g Knollensellerie
1 EL Tomatenmark
400 ml trockener Rotwein
etwas Stärkemehl

Gefüllter Schweinebraten

Den Apfel und die Zwiebel in feine Würfel schneiden. Den Knoblauch fein hacken. 1 EL Öl in einer Pfanne erhitzen und die Apfel- und die Hälfte der Zwiebelwürfel sowie den Knoblauch anschwitzen. Die Pfanne vom Herd ziehen. Dann den Senf, den Parmesan und die Semmelbrösel zugeben und alles gut vermischen. In das Schweinefleisch eine Tasche schneiden. Den Rosmarin und den Majoran abzupfen und fein hacken. Das Fleisch innen und außen gut mit Salz, Pfeffer, Rosmarin und Majoran würzen und mit der Apfel-Brösel-Mischung füllen. Die Keule gut mit einer Klammer oder Zahnstochern verschließen. Die Nelken verteilt in das Fleisch stecken. (Dazu eventuell mit einer dicken Gabel vorstechen.) Die Karotten und den Sellerie würfeln. Das restliche Öl (3 EL) in einem Bräter erhitzen und das Fleisch von allen Seiten gut anbraten. Das Fleisch herausnehmen und die Gemüse- und die restlichen Zwiebelwürfel anbraten. Das Tomatenmark zufügen und anrösten. Anschließend mit dem Rotwein ablöschen und diesen etwas einkochen lassen. Das Fleisch wieder in den Topf geben und den Bräter für 70 Minuten in den auf 180 °C vorgeheizten Backofen (Ober-/Unterhitze) schieben. Anschließend den Schweinebraten warm stellen und die Sauce durch ein Sieb passieren. Die Sauce nochmals aufkochen, abschmecken und gegebenenfalls mit etwas Stärkemehl binden.

Anrichten

Den Schweinebraten in Scheiben schneiden und mit etwas Sauce auf den vorgewärmten Tellern anrichten.

TIPP

Dazu kann gut ein gemischter Salat oder auch ein lauwarmer Kartoffel-Rucola-Salat (siehe S. 88 Kalbfleischpflanzerl mit lauwarmem Kartoffel-Rucola-Salat) gereicht werden.

Marinierte Spareribs mit Ofenkartoffeln und BBQ-Sauce

Zutaten für 4 Personen
Zubereitungszeit: ca. 1 1/2 Stunden;
Marinierzeit: 24 Stunden

Für die Spareribs

1–1 ½ kg fleischige Schweinerippchen
Salz
3 Knoblauchzehen
1 Zweig Rosmarin
5 EL Ketchup
1 EL flüssiger Honig
½ TL edelsüßes Paprikapulver
½ TL Tabasco
1 EL frisch geriebener Ingwer
 frisch gemahlener schwarzer Pfeffer

Für die Ofenkartoffeln

800 g Frühkartoffeln
Salz
frisch gemahlener schwarzer Pfeffer
edelsüßes Paprikapulver
Olivenöl

Spareribs

Die Spareribs in Stücke mit 3–4 Rippen zerteilen. In einem großen Topf Salzwasser aufkochen und die Rippchen hineinlegen. Die Rippchen dann 25 Minuten bei mittlerer Temperatur köcheln lassen. Dabei die Rippchen gelegentlich wenden.
Für die Marinade die Knoblauchzehen schälen und die Rosmarinnadeln abzupfen. Beides fein hacken und in einen Rührbecher füllen. Die restlichen Zutaten und Gewürze zufügen, salzen und alles gut vermischen. Das Fleisch aus dem Wasser nehmen und gut abtropfen lassen. Die Rippchen mit der Marinade bestreichen und dicht in eine verschließbare Schüssel schichten. Die Rippchen zugedeckt 24 Stunden im Kühlschrank marinieren lassen.
Die Rippchen dann nebeneinander auf einen mit Öl eingepinselten Grillrost legen und 15 Minuten grillen. Alternativ können die Rippchen mit der Marinade auch nebeneinander auf ein mit Backpapier ausgekleidetes Backblech gelegt werden und für ca. 60 Minuten im auf 170 °C vorgeheizten Backofen (Umluft) gegart werden.

Ofenkartoffeln

Die ungeschälten Kartoffeln in Salzwasser nicht ganz weich kochen. Die Kartoffeln abgießen und gut abdampfen lassen. Anschließend die Kartoffeln in Spalten schneiden und in eine Schüssel geben. Die Gewürze und das Olivenöl in einer kleinen Schale gut miteinander vermischen und über die Kartoffeln gießen. Einen Deckel auf die Schüssel legen und die Kartoffeln gut durchmischen, damit sie von allen Seiten mit der Gewürzmarinade umgeben sind. Die Kartoffeln auf ein mit Backpapier ausgekleidetes Backblech legen und für ca. 25 Minuten zu den Spareribs in den Backofen (Umluft) schieben.

Anrichten

Die Spareribs mit der Sauce auf den Tellern anrichten. Die Kartoffeln danebenlegen.

TIPP

Dazu passt sehr gut noch ein grüner oder ein gemischter Salat.

Gourmethackbraten und Zitronenkartoffeln

Zutaten für 4 Personen
Zubereitungszeit: ca. 1 Stunde

Für den Gourmethackbraten
80 g Weißbrot vom Vortag
100 ml flüssige Sahne
1 rote Paprikaschote
10 Shiitake-Pilze
5 Schalotten
2 Knoblauchzehen
1 EL Butter
80 g Taleggio-Käse
400 g Hackfleisch vom Kalb
100 g Kalbsbrät
1 TL scharfer Senf
2 Eier
10 Basilikumblätter
Salz
frisch gemahlener schwarzer Pfeffer
Olivenöl

Für die Zitronenkartoffeln
700 g kleine, festkochende Kartoffeln
1 EL Butter
5 Knoblauchzehen
½ Bio-Zitrone
Salz
frisch gemahlener Pfeffer

Gourmethackbraten
Das Weißbrot entrinden, in Würfel schneiden und diese in der Sahne einweichen. Die Paprikaschote entkernen und zusammen mit den gesäuberten Pilzen in Würfel schneiden. Die Schalotte und den Knoblauch würfeln. Die Butter in einer Pfanne bei mittlerer Temperatur erhitzen und die Schalotten und Knoblauchwürfel darin anschwitzen. Anschließend die Paprika- und die Pilzwürfel dazugeben. Den Taleggio fein würfeln und zusammen mit den restlichen Zutaten und den Gewürzen in eine große Schüssel geben. Alles gut vermischen und den Fleischteig zu einem länglichen Laib formen. Den Hackbraten auf ein mit Öl bepinseltes Backblech legen und für ca. 40 Minuten in den auf 180 °C vorgeheizten Backofen (Ober-/Unterhitze) schieben. Den Hackbraten vor dem Servieren in Scheiben schneiden.

Zitronenkartoffeln
Die Kartoffeln ungeschält in Salzwasser weich kochen, anschließend abgießen, etwas abkühlen lassen und schälen. Die Pellkartoffeln in Ecken schneiden. Die Butter bei mittlerer Temperatur in einer Pfanne erhitzen und die Kartoffelecken darin anbraten. Die Knoblauchzehen schälen und halbieren, die Zitrone in Scheiben schneiden. Beides zu den Kartoffeln in die Pfanne geben. Mit Salz und Pfeffer würzen.

Anrichten
1–2 Scheiben Hackbraten auf den vorgewärmten Tellern anrichten. Die Zitronenkartoffeln danebenlegen.

Tipp
Wenn es für eine besondere Gelegenheit sein soll,
können noch 100 g gewürfelte Gänseleber (Dose)
mit in den Fleischteig gemischt werden.

Sanft geschmorter Tafelspitz mit Rahmsauce und Meerrettichwirsing

Zutaten für 4 Personen
Zubereitungszeit: ca. 2 Stunden

Für den Tafelspitz
ca. 1 kg Tafelspitz vom Rind
Salz
frisch gemahlener schwarzer Pfeffer
2 EL neutrales Pflanzenöl
1 Karotte
ca. 100 g Knollensellerie
1 Petersilienwurzel
1 Zwiebel
1 EL Tomatenmark
300 ml roter Portwein
300 ml trockener Rotwein
300 ml flüssige Sahne
2 Lorbeerblätter
2 Nelken
1 TL grober Senf

Für den Meerrettichwirsing
½ Kopf Wirsing
Salz
1 Schalotte
2 EL Butter
100 ml flüssige Sahne
2 EL Meerrettich (Glas)
frisch gemahlener schwarzer Pfeffer

Zum Anrichten
Salzkartoffeln

Tafelspitz
Das Fleisch waschen, trocknen und mit Salz und Pfeffer würzen. Das Öl in einem Bräter erhitzen und das Fleisch von allen Seiten scharf anbraten. Das Wurzelgemüse putzen und würfeln. Das Fleisch aus dem Bräter nehmen und beiseitelegen. Die Gemüsewürfel im Bratfett gut anschwitzen. Das Tomatenmark zugeben und ebenfalls anbraten. Mit dem Portwein ablöschen und diesen etwas einkochen lassen. Dann mit dem Wein aufgießen und nochmals etwas reduzieren. Die Sauce mit der Sahne aufgießen und die Lorbeerblätter, die Nelken und den Senf zufügen. Das Fleisch wieder in den Bräter legen und diesen für ca. 1 ½ Stunden zugedeckt in den auf 180 °C vorgeheizten Backofen (Ober-/Unterhitze) schieben.
Den Tafelspitz aus der Sauce heben und warm stellen. Die Sauce durch ein Sieb gießen, nochmals aufkochen lassen und gegebenenfalls noch ein wenig reduzieren.
Den Tafelspitz vor dem Servieren aufschneiden.

Meerrettichwirsing
Den Wirsing putzen und in feine Streifen schneiden. Die Schalotte in feine Würfel schneiden. Die Butter in einem Topf bei mittlerer Temperatur erhitzen und die Schalottenwürfel darin anschwitzen. Die Wirsingstreifen zugeben und ebenfalls anschwitzen. Mit der Sahne aufgießen und mit Salz, Pfeffer und Meerrettich würzen. Den Wirsing sanft bis zum gewünschten Garpunkt garen.

Anrichten
Die Tafelspitzscheiben auf die vorgewärmten Teller legen und etwas Sauce darübergießen. Den Meerrettichwirsing und die Salzkartoffeln daneben anrichten.

Tipp
Wenn es etwas schneller gehen soll, können die
Rouladen auch für ca. 2 Stunden im auf 180 °C
vorgeheizten Backofen (Ober-/Unterhitze) gegart
werden.

Sanft gegarte Rinderroulade mit Kartoffel-Lauch-Püree

Zutaten für 4 Personen
Zubereitungszeit: ca. 6 Stunden

Für die Rinderroulade

1 Schalotte
1 Bund glatte Petersilie
1 EL Butter
4 Rinderrouladen (à 200 g, z.B.
   aus der Oberschale)
Salz
frisch gemahlener schwarzer Pfeffer
2 EL mittelscharfer Senf
8 dünne Scheiben durchwachsener
   Bauchspeck
2 Cornichons
1 Zwiebel
100 g Karotten
100 g Knollensellerie
2 EL Butterschmalz
1 EL Puderzucker
1 EL Tomatenmark
150 ml trockener Rotwein
200 ml Rinderfond
etwas Speisestärke

Für das Lauchpüree

600 g mehlige Kartoffeln
2 Stangen Lauch
2 EL Butter
250 ml Milch
Salz
frisch gemahlener schwarzer Pfeffer

Anrichten

Das Kartoffel-Lauch-Püree seitlich auf den vorgewärmten Tellern anrichten. Jeweils eine Roulade danebenlegen und etwas Sauce angießen.

Rinderroulade

Die Schalotte fein würfeln. Die Petersilienblätter fein hacken. Die Butter bei mittlerer Temperatur in einer Pfanne erhitzen und die Schalottenwürfel gut anbraten. Die Pfanne vom Herd nehmen und die Petersilie untermengen. Die Rouladen mit der schmaleren Seite nach unten auf einer sauberen Arbeitsfläche ausbreiten und mit den Fingern noch etwas ausstreichen. Mit Salz und Pfeffer würzen, mit je einem TL Senf bestreichen und je 2 Speckscheiben darauflegen. Die Cornichons würfeln und zusammen mit dem Schalotten-Petersilien-Gemisch auf dem Speck verteilen. Die Fleischscheiben vorsichtig von unten nach oben fest aufrollen und entweder mit Klammern feststecken oder mit Küchengarn umwickeln. Die Zwiebel, die Karotten und den Sellerie fein würfeln. Das Butterschmalz in einem Bräter erhitzen und die Rouladen von allen Seiten kräftig anbraten. Anschließend die Rouladen herausnehmen und die Gemüsewürfel anbraten. Den Puderzucker darüberstäuben und leicht karamellisieren lassen. Das Tomatenmark zugeben und etwas anbraten. Mit dem Rotwein ablöschen und diesen etwas einkochen lassen. Dann mit dem Fond aufgießen und die Rouladen wieder in den Bräter legen. Den Bräter zudecken und für ca. 5 Stunden in den auf 120 °C vorgeheizten Backofen (Ober-/Unterhitze) schieben. Anschließend die Rouladen aus dem Bräter nehmen und warm stellen. Die Sauce durch ein Sieb gießen und das Gemüse etwas durchpassieren. Die Sauce nochmals aufkochen und mit Salz und Pfeffer abschmecken. Gegebenenfalls kann die Sauce noch mit etwas Speisestärke gebunden werden.

Lauchpüree

Die Kartoffeln schälen und in Salzwasser sehr weich kochen. Anschließend abgießen, gut abdampfen lassen und durch eine Kartoffelpresse in eine Rührschüssel drücken. Den Lauch in Ringe schneiden. In einem großen Topf reichlich Salzwasser zum Kochen bringen und die Lauchringe kurz blanchieren. Die Lauchringe aus dem Wasser nehmen, sehr gut abtropfen lassen und in einen Standmixer umfüllen. Die Butter in einer Pfanne bei mittlerer Temperatur erhitzen, braun werden lassen und in den Standmixer füllen. Den Lauch fein pürieren und zu den heißen Kartoffeln geben. Die heiße Milch und die Gewürze zugeben und mit einem Handrührgerät ein cremiges Kartoffelpüree herstellen. Das Kartoffel-Lauch-Püree nochmals abschmecken.

Rumpsteak mit Gorgonzola-Feigen-Kruste und Kartoffelkrapfen

Zutaten für 4 Personen
Zubereitungszeit: ca. 1 Stunde

Für die Kartoffelkrapfen
600 g mehlige Kartoffeln
Salz
60 g Butter
130 g Mehl Type 405
3 Eier
frisch geriebene Muskatnuss
neutrales Pflanzenöl

Für die Rumpsteaks mit Gorgonzola-Feigen-Kruste
4 Rumpsteaks (à ca. 200 g)
1 EL neutrales Pflanzenöl
Salz
frisch gemahlener schwarzer Pfeffer
2 frische Feigen
4 EL Gorgonzola mit Mascarpone
1 EL grob gehackte Haselnüsse

Kartoffelkrapfen

Die Kartoffeln schälen und in Salzwasser sehr weich kochen. Anschließend abgießen, abdampfen lassen, durch eine Kartoffelpresse in eine Rührschüssel drücken und erkalten lassen.
200 ml Wasser in einem Topf erhitzen, die Butter darin schmelzen und mit einer kräftigen Prise Salz würzen. Sobald das Butterwasser kocht, das Mehl zufügen und kräftig rühren, bis sich ein Mehlkloß bildet. Kräftig weiterrühren, bis am Topfboden ein weißer Belag erkennbar ist. Den Brandteig dann in eine Rührschüssel umfüllen und etwas abkühlen lassen. Mit den Knethaken eines Handrührgerätes nacheinander die Eier unterrühren. Den Brandteig mit etwas Muskatnuss würzen und die Kartoffeln unterrühren.
Das Öl in einem Topf auf ca. 180 °C erhitzen. (Machen Sie mit dem Stiel eines Holzkochlöffels vorsichtig eine Temperaturprobe. Sobald sich am Stiel Blasen bilden, passt die Temperatur.) Vom Kartoffelteig mit Hilfe von 2 Teelöffeln kleine Nocken abstechen und portionsweise im heißen Fett goldgelb ausbacken. Die Kartoffelkrapfen auf Küchenpapier etwas abtropfen lassen.

Rumpsteak mit Gorgonzola-Feigen-Kruste

Den Fettrand der Steaks mit einem spitzen Messer etwas einschneiden. Das Öl in einer Pfanne erhitzen und die Steaks auf jeder Seite ca. 3–5 Minuten braten. Die Steaks anschließend mit Salz und Pfeffer würzen und nebeneinander auf ein mit Backpapier ausgelegtes Backblech legen. Die Feigen in Scheiben schneiden und auf dem Fleisch verteilen. Den Gorgonzola mit den Nüssen vermischen und auf die Feigen streichen. Das Backblech für ca. 5 Minuten in den vorgeheizten Backofen (Grillstufe) schieben.

Anrichten

Die Rumpsteaks auf die vorgewärmten Teller legen und die Kartoffelkrapfen daneben anrichten.

Hirschragout mit süßer Pfeffersauce und Maronen

Zutaten für 4 Personen
Zubereitungszeit: ca. 1 Stunde

Für das Hirschragout
100 g Knollensellerie
100 g Karotten
100 g Lauch
2 EL neutrales Pflanzenöl
600 g Hirschragout (aus der Keule)
2 EL Tomatenmark
200 ml trockener Rotwein
200 ml roter Portwein
10 EL Gin
Salz
frisch gemahlener schwarzer Pfeffer
2 Lorbeerblätter
5 Nelken
5 Wacholderbeeren
1 EL scharfer Senf
3 EL Preiselbeeren (Glas)
200 ml flüssige Sahne

Für die Maronen
2 EL Butter
200 g geschälte Maronen
1 EL Kristallzucker
Salz
frisch gemahlener schwarzer Pfeffer

Zum Anrichten
frische Spätzle
4 TL Preiselbeeren

Hirschragout
Den Sellerie und die Karotten in Würfel, den Lauch in Ringe schneiden. Das Öl in einer Pfanne erhitzen und das Fleisch von allen Seiten gut anbraten. Das Gemüse zugeben und ebenfalls gut anbraten. Das Tomatenmark unterrühren und etwas anbraten. Dann mit dem Rotwein, dem Portwein und dem Gin ablöschen und etwas einkochen lassen. Mit Salz, Pfeffer, Lorbeerblatt, Nelken und Wacholderbeeren würzen und anschließend 30 Minuten schmoren lassen. Den Senf, die Preiselbeeren und die Sahne unterrühren und weitere 15 Minuten köcheln lassen. Anschließend die Gewürze aus der Sauce fischen.

Maronen
Die Butter bei mittlerer Temperatur in einer Pfanne erhitzen und die Maronen anbraten. Den Zucker darüberstreuen und gut durchschwenken, bis er karamellisiert ist. Die Maronen mit Salz und Pfeffer würzen. Die Maronen unter die Sauce rühren, nochmals etwas einkochen und abschmecken.

Anrichten
Das Hirschragout auf vorgewärmten Tellern anrichten und mit je einem Klecks Preiselbeeren versehen. Die Spätzle in separaten Schalen dazu servieren.

Tipp

Aromaten wie Wacholderbeeren, Nelken oder Lorbeerblätter, die vor dem Servieren aus der Sauce entfernt werden sollen, können auch sehr gut in einen Teefilterbeutel aus Papier gefüllt in die Sauce gegeben werden. So können sie anschließend sehr leicht entfernt werden.

DES-
SERTS

Crème brûlée mit Mango und Kokos

Zutaten für 4 Personen
Zubereitungszeit: ca. 45 Minuten
(+ Kühlzeit ca. 2 Stunden)

Für die Crème brûlée
2 Vanilleschoten
100 ml Milch
500 ml flüssige Sahne
100 ml Mangonektar
9 Eigelb
120 g Kristallzucker
4 EL brauner Zucker

Für den Kokosschaum
100 g weiße Schokolade
200 ml flüssige Sahne
50 g Kokosmark
40 ml Batida de Côco (Kokoslikör)

Zum Anrichten
1 frische Mango, geschält und in
   Spalten geschnitten

Crème brûlée
Die Vanilleschoten auskratzen. Die Milch, die Sahne, den Mangonektar und das Vanillemark und die Schoten in einem Topf vermischen und aufkochen. Die Vanilleschoten einige Minuten ziehen lassen. Anschließend die Sahnemischung durch ein feines Sieb gießen. Die Eigelbe mit dem Zucker verrühren und dann die Sahnemischung untermengen. Die Creme in ofenfeste Förmchen abfüllen und diese auf ein Backblech mit hohem Rand stellen. Das Backblech bis zur halben Höhe der Förmchen mit heißem Wasser füllen und anschließend für ca. 30 Minuten in den auf 150 °C vorgeheizten Backofen (Umluft) schieben. Die fertige Crème brûlée aus dem Ofen nehmen und kalt stellen. Vor dem Servieren die Oberfläche der Crèmes mit je einem EL braunem Zucker bestreuen und diesen mit einem Küchenbunsenbrenner karamellisieren.

Kokosschaum
Die Schokolade grob hacken und in einen hohen Mixbecher geben. Die Sahne aufkochen und über die Schokolade gießen. Das Kokosmark dazugeben und alles zusammen mit einem Stabmixer gut pürieren. Den Batida de Côco unterrühren und die Creme kalt stellen. Vor dem Servieren die Creme mit einem Stabmixer noch einmal gut aufschäumen.

Anrichten
Die Crème brûlée auf die Teller stellen und daneben in einem separaten Schälchen etwas Kokosschaum anrichten. Mit den Mangospalten garnieren.

Himbeerquark mit Vanille

Zutaten für 4 Personen
Zubereitungszeit: ca. 30 Minuten
(+ Kühlzeit ca. 2 Stunden)

Für den Himbeerquark
1 Vanilleschote
500 g Magerquark
ca. 75 g Kristallzucker
Saft und Abrieb ½ Bio-Zitrone
300 g Himbeeren
150 ml flüssige Sahne

Zum Anrichten
50 g Himbeeren
dunkle Schokoladenraspel
4 Blätter Minze

Himbeerquark

Die Vanilleschote mit einem spitzen Messer längs aufschlitzen und mit dem Messerrücken das Mark auskratzen. Den Quark mit dem Vanillemark, dem Zucker, einigen Spritzern Zitronensaft und etwas Abrieb der Zitronenschale cremig aufschlagen. Die Himbeeren durch ein Sieb passieren und unter die Quarkmasse rühren. Die Sahne sehr steif schlagen und unter den Himbeerquark heben. Anschließend den Himbeerquark in dekorative Dessertgläser abfüllen und bis zur Verwendung kühl stellen.

Anrichten

Die Gläser vor dem Anrichten mit den frischen Himbeeren und etwas Schokoladenraspeln sowie einem Minzeblatt garnieren.

Holunderblüten-Panna-Cotta

Zutaten für 4 Personen
Zubereitungszeit: ca. 45 Minuten
(+ 24 Stunden Kühlzeit)

Für den Holunderblütensirup
ca. 20 frische Holunderblüten
1 Vanilleschote
300 ml trockener Weißwein
3 EL Kristallzucker

Für die Panna cotta
1 Vanilleschote
400 ml flüssige Sahne
4 EL Holunderblütensirup
3 EL Kristallzucker
1 Zweig Rosmarin
4 Blatt Gelatine
100 g Mascarpone

Zum Anrichten
200 g Beeren (z.B. Erdbeeren,
    Himbeeren)
4 Blätter Minze

Holunderblütensirup
Die Holunderblüten putzen. Die Vanilleschote mit einem spitzen Messer längs aufschlitzen. Den Wein mit der Vanilleschote und dem Zucker aufkochen und die Holunderblüten hineinlegen. Den Sud abkühlen und im Kühlschrank 24 Stunden durchziehen lassen. Anschließend den Sud durch ein feines Sieb passieren und den Saft auffangen. Den Saft in einen Topf gießen und bei mittlerer Temperatur zu einem Sirup einkochen lassen.

Panna cotta
Die Vanilleschote mit einem spitzen Messer längs aufschlitzen und mit dem Messerrücken das Mark auskratzen. Das Mark und die Schote zusammen mit der Sahne, dem Zucker und dem Holunderblütensirup aufkochen. Die Sahne vom Herd ziehen, 10 Minuten ziehen lassen und anschließend durch ein feines Sieb gießen. Die Gelatine 5 Minuten in kaltem Wasser einweichen, gut ausdrücken und dann unter die noch warme Sahne rühren. Anschließend den Mascarpone unter die Sahne rühren und die Panna cotta in dekorative Dessertgläser gießen.

Anrichten
Die Dessertgläser mit den frischen Beeren und der Minze garnieren und servieren.

Tipp
Da das Herstellen des Holunderblüten-
sirups sehr zeitaufwendig und auch saison-
abhängig ist, kann hier auch ein gekaufter
Holunderblütensirup verwendet werden.

Kaffeemousse mit Erdbeeren und Mandelhippen

Zutaten für 4 Personen
Zubereitungszeit: ca. 1 ½ Stunden
(Kühlzeit ca. 24 + 4 Stunden)

Für die Creme
150 ml flüssige Sahne
6 EL frische Kaffeebohnen
100 g weiße Schokolade
2 Eier
20 g Kristallzucker
1 Päckchen Vanillezucker
5 EL Prosecco

Für die Mandelhippen
100 g Mehl Type 405
50 g gehackte Mandeln
2 EL Schwarzkümmelsamen
130 g weiche Butter
140 g flüssiger Honig
350 g Puderzucker

Zum Anrichten
300 g Walderdbeeren oder kleine
    Erdbeeren
Puderzucker
einige Blätter Minze
Kaffeebohnen

Creme
Die Sahne mit den Kaffeebohnen kurz aufkochen lassen. Das Ganze ca. 24 Stunden im Kühlschrank durchziehen lassen. Die weiße Schokolade grob hacken und über einem warmen Wasserbad schmelzen. Die Eier mit dem Zucker, dem Vanillezucker und dem Prosecco über einem heißen Wasserbad cremig aufschlagen, die geschmolzene Schokolade unterziehen und die Mousse auf einem Eisbad kalt rühren. Die Kaffeebohnen aus der Sahne abseihen. Die Kaffeesahne steif schlagen und unter die Mousse heben. Die Mousse in einen Spritzbeutel mit Tülle füllen und 4 Stunden kalt stellen.

Mandelhippen
Das Mehl, die Mandeln und den Schwarzkümmel mischen. Anschließend die Butter, den Honig und den Zucker zugeben und alles zu einem gleichmäßigen Teig verkneten. Den Teig zu einem Strang formen, in Folie wickeln und etwa 1 Stunde ruhen lassen. Dann aus dem Teig Kugeln mit 1,5 cm Durchmesser formen. Es werden 8 Teigkugeln benötigt. Diese sehr weit auseinander auf ein mit Backpapier ausgelegtes Blech setzen und für 15 Minuten in den auf 180 °C vorgeheizten Backofen (Ober-/Unterhitze) schieben. Die Hippen auskühlen lassen und danach vom Backpapier lösen.

Anrichten
Die Erdbeeren sorgfältig verlesen und mit kaltem Wasser abbrausen. Auf jeden Teller einen Kreis aus Mousse spritzen, 1 Mandelhippe daraufsetzen, Mousse-Tupfer aufspritzen und die Erdbeeren dazwischenlegen. Wieder 1 Hippe daraufsetzen, mit einem Tupfer Mousse und den restlichen Erdbeeren garnieren. Mit Puderzucker bestäuben und mit Kaffeebohnen und Minze garnieren.

TIPP
Den Teig für die Mandelhippen dritteln und jede Portion in daumendicke Stränge ausrollen. Diese nebeneinander auf Abstand auf ein mit Backpapier ausgelegtes Backblech legen und für 15 Minuten in den auf 180 °C vorgeheizten Backofen (Ober-/Unterhitze) schieben. Der Teig verläuft und es entsteht eine Hippenplatte, die in dekorative, unregelmäßige Formen gebrochen werden kann. Diese können dann sehr gut als Dekoration für Desserts verwendet werden.

Schokoladen-Baileys-Mousse mit Karamellmandeln

Zutaten für 4-6 Personen
Zubereitungszeit: ca. 30 Minuten
(Kühlzeit: 4 Stunden)

Für die Schokoladen-Baileys-Mousse
1 Tafel Schokolade (100 g, Kakaogehalt
    mind. 60 %)
250 ml flüssige Sahne
2 Päckchen Vanillezucker
Abrieb einer ½ Bio-Orange
2 EL Baileys

Für die Karamellmandeln
3 EL geschälte Mandeln
3 EL Kristallzucker

Zum Anrichten
etwas steif geschlagene Sahne

Schokoladen-Baileys-Mousse
Die Schokolade hacken und in einer Schale über einem Wasserbad langsam schmelzen. Anschließend etwas abkühlen lassen.
Die Sahne mit dem Vanillezucker steif schlagen. Die Schokolade
in einer Rührschüssel mit dem Orangenabrieb und dem Baileys
vermischen. Dann die Hälfte der steif geschlagenen Sahne
unterrühren. Den Rest vorsichtig unterheben. Die Mousse in
dekorative Dessertgläser abfüllen und kalt stellen.

Karamellmandeln
In einer beschichteten Pfanne den Zucker erhitzen, bis er karamellisiert ist. Die Mandeln unterrühren, gut durchschwenken
und anschließend auf einem Stück Backpapier ausbreiten und
auskühlen lassen. Die Karamellmandeln grob hacken.

Anrichten
Jedes Glas mit einem Klecks Sahne garnieren und die Karamellmandeln darüberstreuen.

Tiramisu »Stracciatella« mit Erdbeeren

Zutaten für 4-6 Personen
Zubereitungszeit: ca. 1 Stunde
(Kühlzeit: 4 Stunden)

Für den Teig
4 Eiweiß
130 g Kristallzucker
140 g Mehl Type 405
1 EL Kakao

Für die Creme
2 Eier
3 EL Kristallzucker
2 Vanillezucker
400 g Mascarpone
4 EL Amaretto
4 EL Sambuca
3 EL Schokoladenraspel

Für die Fertigstellung
2 starke Espressi

Zum Anrichten
Kakao
frische Erdbeeren

Teig
Die Eiweiße mit dem Zucker steif schlagen und das Mehl unterheben. Eine rechteckige Form mit einem hohen Rand mit Butter ausstreichen und die Hälfte des Teigs einfüllen. Unter den restlichen Teig den Kakao mischen und diesen ebenfalls in die Form geben. Mit einer Gabel die beiden Teige etwas vermischen. Die Form für 15 Minuten in den auf 180 °C vorgeheizten Backofen (Ober-/Unterhitze, 2. Schiene von unten) schieben. Den Kuchenboden anschließend vollständig auskühlen lassen.

Creme
Die Eier trennen. Die Eigelbe mit dem Zucker und dem Vanillezucker schaumig schlagen. Den Mascarpone, den Amaretto, den Sambuca und die Schokoladenraspel gut unterrühren. Die Eiweiße steif schlagen und unter die Creme ziehen.

Fertigstellung
Den Kuchenboden mit dem Espresso tränken und die Creme gleichmäßig darauf verteilen. Die Form gut mit Klarsichtfolie abdecken und die Tiramisu einige Stunden im Kühlschrank kühlen.

Anrichten
Die Tiramisu dick mit Kakao bestäuben, in 4–6 Teile schneiden und auf den Tellern anrichten. Daneben die frischen Erdbeeren legen.

Frischkäse-Tarte mit Balsamico-Kirschen

Zutaten für 4 Personen
Zubereitungszeit: ca. 1 ½ Stunden
(Kühlzeit: 4 Stunden)

Für den Teig

1 Bio-Orange
100 g Mehl Type 405
1 Eigelb
50 g weiche Butter
50 g Kristallzucker

Für die Käsemasse

1 EL Pinienkerne
1 EL Pistazien
2 Eier
3 Päckchen Vanillezucker
3 EL Vanille-Puddingpulver
500 g Frischkäse
1 EL Mehl

Für die Balsamico-Kirschen

750 g Süß-Kirschen
(frisch oder aus dem Glas)
1 Vanilleschote
100 ml roter Portwein
2 EL Kristallzucker
4 Blatt Gelatine
½ EL Kartoffelstärkemehl
3 EL Balsamico-Essig

Zum Anrichten

1 Vanilleschote
100 ml flüssige Sahne
1 EL Kristallzucker
1 rote Chilischote

Teig

Die Orange heiß abspülen und trocken reiben. Die Schale abreiben, den Saft auspressen und beiseitestellen. Das Mehl auf eine Arbeitsfläche sieben. Das Eigelb, die Butter, den Zucker und den Orangenabrieb zugeben und zu einem Teig verkneten. Aus dem Teig eine Rolle formen, mit Frischhaltefolie umwickeln und 2 Stunden im Kühlschrank ruhen lassen.

Käsemasse

Die Pinienkerne und die Pistazien fein hacken und in eine Rührschüssel füllen. Anschließend mit dem beiseitegestellten Orangensaft (siehe Teigzubereitung), den Eiern, dem Vanillezucker, dem Puddingpulver und dem Frischkäse verrühren. Eine Springform (24 cm Durchmesser) einfetten und mit Mehl bestäuben. Den Teig ausrollen und die Form damit auskleiden (siehe Tipp S. 116 Lauwarmer Apfelkuchen). Mit einer Gabel den Teig mehrmals einstechen und die Käsemasse einfüllen. Auf der untersten Schiene etwa 40 Minuten im auf 160 °C vorgeheizten Backofen (Ober-/Unterhitze) backen. Den Kuchen gut auskühlen lassen.

Balsamico-Kirschen

Die Kirschen vom Stiel befreien, waschen und entsteinen. Das Mark aus der Vanilleschote kratzen. Den Portwein erhitzen und die Kirschen mit dem Vanillemark, der Schote und dem Zucker erhitzen. Die Gelatine in kaltem Wasser einweichen. Die Vanilleschote entfernen. Das Stärkemehl in sehr wenig kaltem Wasser anrühren und die Kirschen damit leicht andicken. Dann die Gelatine ausdrücken und im warmen Portweinsud auflösen. Den Balsamico zum Schluss unterrühren.
Die Kirschen mit dem angedickten Sud auf dem abgekühlten Kuchen verteilen und 2 Stunden kalt stellen.

Anrichten

Das Mark aus der Vanilleschote kratzen. Die Sahne mit dem Vanillemark und dem Zucker steif schlagen und in einen Spritzbeutel füllen. Die Chilischote waschen, längs halbieren und die Kerne entfernen. Das Fruchtfleisch sehr fein würfeln. Die Tarte in Stücke schneiden und diese auf die Teller verteilen. Anschließend mit Sahnetupfern und fein gehackter Chilischote garnieren und servieren.

Tipp

Zum Ausrollen des Teigs eignet sich am besten eine Silikon-Backmatte als Unterlage. Sie können die Teigplatte dann leichter aufnehmen und auf die Äpfel legen. Falls der Teig beim Ausrollen am Teigroller kleben sollte, bestäuben Sie ihn mit etwas Mehl. Sie können auch eine zweite Silikonbackmatte verwenden und den Teig zwischen den beiden Matten ausrollen.

Lauwarmer Apfelkuchen

Zutaten für 4 Personen
Zubereitungszeit: ca. 75 Minuten
(Kühlzeit: 2 Stunden)

Für den Teig
200 g Mehl Type 405
100 g Butter
1 Vanilleschote
1 Eigelb
1 Prise Meersalz

Für den Belag
7 Äpfel (z. B. Boskoop)
200 g Kristallzucker
100 g weiche Butter
1 Zweig Rosmarin

Für die Vanillesahne
1 Vanilleschote
200 ml flüssige Sahne
2 EL Kristallzucker

Teig
Das Mehl auf eine Arbeitsfläche sieben. Das Mark aus der Vanilleschote kratzen. Die Butter, das Eigelb, das Vanillemark und 50 ml Wasser mit dem Mehl zu einem Teig verkneten. Aus dem Teig eine Rolle formen, mit Frischhaltefolie umwickeln und 2 Stunden im Kühlschrank ruhen lassen.

Belag
Die Äpfel schälen, vierteln und das Kerngehäuse entfernen. Die Apfelviertel oben lamellenartig einschneiden oder mit den Zinken einer Gabel tief einritzen.
Den Zucker in einer Pfanne schmelzen, einmal aufschäumen lassen (nicht zu dunkel), in eine ofenfeste Kuchenform aus Glas (30–35 cm Durchmesser) füllen und erkalten lassen. Die Butter aufstreichen. Die Rosmarinnadeln vom Stiel zupfen, fein hacken und auf der Butter verteilen. Die Apfelviertel mit der eingeschnittenen Seite nach unten kranzförmig auf die Butter legen und 20 Minuten im auf 180 °C vorgeheizten Backofen (Ober-/Unterhitze) vorbacken.

Fertigstellung
Den Teig auf einer sauberen Arbeitsfläche etwa ½ cm dick in der Größe der Kuchenform ausrollen. Die Äpfel etwas abkühlen lassen, mit der Teigplatte abdecken und weitere 20 Minuten backen, bis der Teig etwas Farbe angenommen hat. Den fertigen Kuchen etwas auskühlen lassen und dann stürzen.

Vanillesahne
Das Mark aus der Vanilleschote kratzen. Die Sahne mit dem Zucker und dem Vanillemark steif schlagen und in einen Spritzbeutel umfüllen.

Anrichten
Den Kuchen aufschneiden, auf die vorbereiteten Teller legen und mit Sahnetupfen garnieren.

Register

1. Auflage 2015

Hinweise

Die Ratschläge/Informationen in diesem Buch sind
von Autor und Verlag sorgfältig erwogen und geprüft.
Dennoch kann eine Garantie nicht übernommen werden.
Eine Haftung des Autors bzw. des Verlags und seiner
Beauftragten für Personen-, Sach- und Vermögensschäden
ist ausgeschlossen.

Der Verlag weist ausdrücklich darauf hin, dass im Text
enthaltene externe Links vom Verlag nur bis zum Zeitpunkt
der Buchveröffentlichung eingesehen werden konnten. Auf
spätere Veränderungen hat der Verlag keinerlei Einfluss.
Eine Haftung des Verlags für externe Links ist stets
ausgeschlossen.

Bildnachweis

Bildredaktion: Tanja Zielezniak & Sabine Kestler
Fotografie Food: Hubertus Schüler
Fotoassistenz & Bildbearbeitung Food: Benedikt Koester
Foodstyling: Stefan Mungenast
Coverfoto & weitere Peoplefotos im Innenteil: Mike Meyer
    Photography
Seite 116: Südwest Verlag/Klaus Einwanger
Illustrationen: Lothar Reiserer, Imprint, Zusmarshausen

Unternehmensgruppe Christian Henze

Edisonstraße 4, 87437 Kempten
Tel.: (0831) 9 60 62 00
www.christianhenze.de
www.facebook.com/henzekocht

Impressum

Redaktionsleitung: Silke Kirsch
Projektleitung: Sonya Mayer
Cover- und Layoutdesign, Gestaltung & Producing: Imprint,
    Zusmarshausen
Adaption & Redaktion der Rezepte: Dr. Regina Roßkopf
Korrektorat: Sabine Thorn
Reproduktion: Regg Media GmbH, München
Druck & Verarbeitung: Druckerei Theiss, St. Stefan im
    Lavanttal

Printed in Austria

Verlagsgruppe Random House FSC® N001967
Gedruckt auf dem FSC®-zertifizierten Papier *Profimatt*.

ISBN 978-3-517-09420-5

CHRISTI